LO MEJOR DE MÍ

LO

ELENA PUIG GUITART

MEJOR

La guía para descubrirte,
entenderte y quererte

DE MÍ

Grijalbo

Papel certificado por el Forest Stewardship Council®

Penguin
Random House
Grupo Editorial

Primera edición renovada: marzo de 2024

Printed in Spain — Impreso en España

ISBN: 978-84-253-6824-0
Depósito legal: B-4.573-2024

Compuesto en Fotocomposición gama, sl
Impreso en Liber Digital, S. L.
Casarrubuelos (Madrid)

GR 68240

A mis padres, por ser mis raíces, mi tronco y mi copa,
y enseñarme a ver el cielo que hay ahí arriba.
A mis hermanos, por acompañarme en este crecimiento.
A mis tres hijas, por ser los frutos que este árbol ha dado
y el agua que me alimenta.

ÍNDICE

INTRODUCCIÓN

«La acción no debe ser una reacción, sino una creación».
Mao Tse-Tung (1893-1976), estadista chino

Mi trayectoria profesional no ha estado vinculada siempre a la psicología, ni mucho menos, pero desde que tengo memoria me han apasionado las personas y sus vidas. De hecho, soy una gran fan de los libros de biografías; me fascina conocer la vida de quienes han dejado huella. La lectura de sus trayectorias me descubre mil episodios que ilustran por qué hicieron lo que hicieron. Y entiendo, desde la distancia, que grandes fracasos les condujeron a grandes éxitos, grandes aflicciones a grandes alegrías. Es como cuando llegas al final de un filme de misterio: solo entonces todo cobra sentido, porque comprendes pequeños detalles en los que no te habías fijado antes.

Con nuestras vidas ocurre lo mismo. Hay vivencias con las que nos peleamos, otras que no aceptamos y otras a las que no damos la más mínima importancia, pero que son las que, luego, provocarán el giro de nuestra existencia: la pareja que nos deja para que pueda aparecer quien de verdad será nuestro compañero de vida; la décima de nota por la que nos quedamos fuera de la carrera que queríamos hacer, pero que nos enfoca en aquello a lo que nunca habríamos pensado dedicarnos... La vida nos da sorpresas, y solo la distancia nos hace comprender.

Para mí, aceptar este proceso es parte del trabajo para ser tu mejor versión. Justo cuando las cosas no salen bien es cuando debes activar todos los mecanismos de adaptación posibles. La naturaleza, de hecho, lo tiene claro: sobrevive el más adaptable, no el más estupendo. A mí me ocurrió eso. Te pongo en antecedentes para que entiendas que quien te quiere acompañar aquí es una persona que también está en proceso de ser su mejor versión.

De joven estudié una carrera que no tiene nada que ver con la psicología. O sí. Porque el mundo de la empresa, en el que pasé veinte años, es un mundo de relaciones personales, y dirigir equipos te obliga a dominar el mundo emocional. Cuando las personas convivimos, aparecen los inevitables conflictos, y observarlos me generó una curiosidad inmensa por conocer por qué algunas personas se mueven bien socialmente, mientras que hay otras que rehúyen las relaciones sociales; por qué algunos no saben discutir y otros siempre logran consensos; por qué algunos lideran organizaciones potenciando personas valiosas en su entorno, mientras otros compiten ferozmente para que nadie les haga sombra.

Aprendí muchísimo al lado de mi padre, un líder nato, con una gran humildad. Siempre admiré su capacidad de planificación, de trabajo y de organización, su visión más allá de lo estrictamente inmediato, y sus habilidades para dirigir personas y relacionarse con ellas... Él ha sido un gran maestro para mí.

También debo decir que la psicología me atrajo desde joven. Mi madre, pedagoga, había querido estudiar esta carrera, pero en Barcelona, en su época, no existían los estudios, tenías que irte a Madrid. El ejemplo de mi madre, que con cuarenta años cursó un máster de Recursos Humanos, plantó la semilla de mi futuro cambio profesional. Nos inculcó —a mis hermanos y a mí— la capacidad de reinventarte, tengas la edad que tengas, porque las limitaciones son sociales y no personales. Una madre tremendamente intuitiva te da la seguridad para confiar en tu propia intuición. Mis dos hermanos y yo hemos sido personas reinventadas, y eso es un plus en la vida, porque te obliga a dejar de ser quien has sido, con las dudas que ello supone, para apostar por tu nueva ilusión.

Un día, sin más y por casualidad, conocí a un médico, el doctor Manel Ballester, que se convirtió en otro de mis maestros. Fue él quien hizo florecer la semilla de la transformación que mi madre ya había plantado dentro de mí. Me descubrió otra faceta mía, y ahí es cuando me planteé los estudios de Psicología y el resto de las formaciones. Toda esta reinvención me pilló cuando cumplía los cuarenta y con tres hijas pequeñas. Es decir, me embarqué en un cambio de profesión en el que se incluía la maternidad, y lo quiero remarcar, porque puedes reinventarte a pesar de tener las llamadas cargas familiares. «Los estudios me han dado los títulos; ser madre de tres hijas, los conocimientos», este es mi lema.

Creo que he sido y soy un ejemplo de tenacidad y perseverancia para estos tres soles que la vida me ha dado. Me han visto estudiar y acabar trabajos a las tantas de la noche, cuando ellas, ya un poco más mayores, salían. Me quedaba trabajando hasta que, a alguna hora intempestiva, tenía que ir a recoger a alguna de ellas. Así pues, como estás viendo, no soy el prototipo de propósito vital clarísimo desde los dieciocho años. Mi historia se ha ido construyendo a la par que mi vida ha ido cambiando.

Me llaman la psicóloga de los «cómos», y me encanta que me llamen así. Porque yo, además de psicóloga, no dejo de ser una persona que lidia también con sus cosas día tras día. Soy aprendiz de vida y de por vida, porque pienso que siempre hay algo nuevo que aprender. Soy madre, hija, hermana, tía, pareja, amiga, compañera... Desempeño todos los roles posibles y, por ello, me enfrento con muchos retos, algunos francamente complicados, ante los cuales me he preguntado mil veces: «¡¿Cómo?!». Todos nos encontramos en ocasiones ante encrucijadas y todos queremos respuestas.

Sospecho que este es el motivo por el cual intento que mi trabajo como psicóloga sea muy práctico. Además, vengo del mundo de la consultoría, donde debes ofrecer soluciones a tus clientes, y estoy acompañando a mis pacientes en procesos de vida por los que yo misma he pasado. Por todo ello, mi misión aquí, en este libro, es transmitirte conocimientos que puedas llevar a la práctica, que te sirvan desde el minuto uno, que los puedas aplicar al rato de leerlo.

Imagino que empiezas la lectura con ganas, en busca de respuestas. Imagino que esperas que te sirva, que no te aburra, que se te pase volando; que tienes muchas ganas de pararte y decir «¡Ajá!», o anotar algo a un lado, o subrayar alguna frase que te ha llegado... Estoy segura de que así será y que encontrarás en este libro *tips* muy útiles para ser tu mejor versión.

He planteado el libro para que cumpla dos condiciones. La primera, para que en estas páginas encuentres todo lo que necesitas y en la cantidad justa, sin excesos. No quiero que te aburras, y, además, todos vamos cortos de tiempo. La segunda, que lo entiendas como un pequeño viaje. Te pido que me des la mano, que confíes en mí, que me permitas que te guíe en esta aventura que acabas de emprender. Porque te cuento: el libro está pensado como si hicieras el Camino de Santiago. ¿Lo conoces? Si es que no, te sugiero que busques información sobre él, porque es de aquellas cosas que, si es posible, uno debe hacer al menos una vez en la vida. Es un viaje por etapas, andando solo o en compañía, con el equipaje mínimo, donde cada día es un regalo, con sus paisajes, sus gentes, nuevos compañeros de viaje que se unen y también aquellos que se detienen y se despiden.

Pues como el Camino de Santiago, este libro también es un camino de descubrimiento por etapas. Unas etapas que son consecutivas, que tienen su orden y su sentido: cuando acabas una, quieres descubrir la siguiente. Me encantaría que lo concibieras así, como un recorrido que te lleva a un final, donde cada paso va sumando para que tu viaje tenga sentido.

Te hablaré del cuerpo, porque sin cuerpo no existimos. Te hablaré de la mente, porque sin mente perdemos mucho de lo que nos hace personas. Encontrarás ejercicios prácticos para que puedas avanzar en cada etapa de tu camino y así verte capaz de pasar de pantalla y seguir adelante. También encontrarás muchas explicaciones para que entiendas, para que comprendas, para que, cuando tengas que pasar a la acción, esa acción tenga sentido para ti. Sin sentido, no hay fuerza, solo hay «Bueno, vale, si tú lo dices». Sin sentido no hay líder, hay seguidores. Y tú debes ser el líder de tu vida, que es tuya y solo tuya.

Apostar por ser tu mejor versión te obliga a conocerte. Aquí aprenderás a actuar de forma consciente, a salir del piloto automático, a vivir el mundo emocional con un enfoque a la acción, que es lo que va dibujando el camino de tu vida, a conectar con la persona adulta y madura que vive dentro de ti y a acompañar a tu niño o a tu niña interior, que muy a menudo carga con heridas, algunas graves y otras más comunes. Pero, como puedes imaginar, no es posible empezar este último trabajo si no dominas primero tu mundo emocional. Verás que todo son pasos correlativos:

- Reconectar con tu cuerpo
- Aprender a priorizarte
- Darte cuenta
- Conocer tu mente sabia
- Desarrollar la inteligencia emocional
- Realizar un trabajo conjunto de cuerpo y mente sabia
- Mantener una observación consciente de ti mismo y de la realidad que te rodea
- Enfocar el trabajo del niño interior
- Enfocarte hacia la acción

Esto es un viaje, te lo he dicho. No llegas a Santiago si no has pasado por Puente la Reina o León. Prepara tu mochila, con lo imprescindible, para dejar espacio a todo lo nuevo que aquí puedes aprender.

En el viaje de la vida, tu mochila la llenan tus padres, con más o menos acierto. Ahí están las creencias, los valores, las vivencias, la educación. Cuando te haces mayor y te independizas, sea físicamente, sea emocionalmente, tus padres te entregan esa mochila para que recorras el camino de tu vida. Pero párate. Antes de partir, descuelga la mochila de la espalda. Ábrela y coloca todo su contenido en el suelo para contemplarlo. Tómate un rato. Y ahora decide tres cosas:

1. De lo que te han dado tus padres, ¿qué es lo que te sirve? Vuélvelo a colocar dentro de la mochila.
2. ¿Qué es lo que no te sirve? Descártalo para siempre.
3. Y ahora la pregunta por la que estás aquí leyendo: ¿qué te falta?

La tercera pregunta es la que puede despertar tu necesidad de trabajar en tu crecimiento personal. Ahora el adulto eres tú. El proceso de *reparenting*, lo hablaremos, es el proceso de cuidar de ti mismo, de darte lo que te mereces, de consolarte, de empujarte hacia tus retos personales. Si sabes qué te falta, te has dado cuenta de algo importante y te puedes orientar a la acción.

Este libro te empuja a la acción. Y si me dejas, te acompaño.

«Nada puede atenuar la luz que brilla desde dentro».

MAYA ANGELOU

CAPÍTULO 1

TIENES DERECHO A BRILLAR

EL CARBONO SE CONVIERTE EN DIAMANTE

Querer ser nuestra mejor versión tendría que ser nuestro anhelo de vida, aquello que acompaña a un ser consciente como el que tú eres. Me cuesta imaginar a alguien que no quiera progresar en algo. Para unos es el dinero, para otros el crecimiento personal. Pero siempre hay un «algo»: tu nivel de tenis, cómo bailas, ligar con más éxito, que te quede el vestido como un guante, tener un mejor televisor para ver más cómodo tus series preferidas. ¿Lo ves?

En 1943, Abraham Maslow, considerado el padre de la psicología humanista, dio a conocer su teoría de la motivación, que ilustró con su archiconocida pirámide de la jerarquía de las necesidades, según la cual el ser humano se mueve siempre persiguiendo «algo». De acuerdo con esta teoría, cada persona nace con una serie de necesidades básicas que tiene que ir cubriendo, movida por su deseo de mejorar en su realización personal. La persona va avanzando según va viendo satisfechas sus necesidades: primero, las más elementales (las fisiológicas), después las de seguridad (casa, trabajo, familia), las de afiliación (todas las que implican pertenecer y contacto: amigos, relación sexual y afectiva) y las de reconocimiento (confianza, respeto, éxito), hasta llegar finalmente a las de autorrealización (creatividad, liderazgo, resolución de problemas, moralidad...), que serían el potencial más elevado de una persona. Maslow afirmaba que no podía-

mos ascender y aspirar a tener necesidades superiores si no teníamos aseguradas las inmediatamente inferiores.

Autorrealización
(desarrollo
potencial)

Autoestima
(reconocimiento,
confianza, respeto,
éxito...)

Necesidades sociales
(afectividad, asociación,
aceptación, afecto,
intimidad sexual...)

Necesidad de seguridad
(sentirse seguro/a y protegido/a: casa,
empleo, coche...)

Necesidades fisiológicas básicas
(alimentación, salud, descanso, sexo...)

La pirámide de Maslow sirvió en su momento, pero en los tiempos actuales, las cosas han cambiado y mucho. Especialmente
con la aparición de las redes sociales y la nueva forma de relacionarnos a través de las nuevas tecnologías. Sin embargo, Maslow plasmó algo que continúa siendo muy cierto y vigente: **que
las personas siempre queremos mejorar**.

A partir de esta realidad incontestable para la mayoría de nosotros, vas a iniciar tu viaje aquí, con este objetivo: llegar a ser tu mejor versión. Antes, no obstante, una pequeña advertencia: puedes

haber escuchado que ser tu mejor versión es una forma de presión social y que esto «no toca». Pues sí que toca. Siempre «toca» si se hace desde la consciencia, el amor, la compasión y la paciencia que todo aprendizaje —no lo olvides: ¡estás aprendiendo!— lleva implícito.

En cambio, es cierto que «no tocaría» si ser tu mejor versión fuera consecuencia de la presión que ejerce la línea posmoderna y neoliberal, que es el marco psicosocial y económico en el que vivimos. Porque, desde esta visión, tú y yo somos individuos que debemos asumir la tarea de cuidarnos. Hasta aquí bien, ¿no? El problema de este planteamiento es llevarlo al extremo. El sistema económico no tiene ningún derecho a hacerte creer que si estás mal es tu problema. Ten la certeza de que los poderes públicos quieren reducir a toda costa los gastos sociales. Para el sistema, el hecho de que tú trabajes para ser tu mejor versión es un chollo, porque reduces el gasto público, ya que el sistema no tendrá que cuidar de ti. La mejor versión de Elena no sufrirá de ansiedad ni de depresión, y por lo tanto no deberá ser atendida por enfermedades crónicas, porque comerá bien, hará ejercicio, dormirá lo que toca, no fumará...

El mensaje subliminal de que si estás mal es tu problema es muy peligroso. Podemos ser infelices debido a elementos completamente ajenos a nosotros. Es el caso de las personas que son víctimas de guerras. O de las mujeres sometidas a leyes que ellas no han podido votar. O de aquellos que sufren desastres naturales o enfermedades graves.

Sin embargo, en cada una de estas situaciones sí hay factores que nosotros podemos controlar, y esto es lo que me gustaría que aprendieras a hacer leyendo este libro. Que fueras desarrollando, paso a paso, herramientas de empoderamiento personal que puedan servirte incluso en el peor de los escenarios. Hay siempre, en cualquier circunstancia, una parte de la realidad ante la que podemos actuar, y aquí la psicología cognitiva tiene mucho que decirte. Percibir, pensar lo que te sucede de una forma u otra es lo que decanta la balanza hacia la catástrofe o hacia el éxito, lo que te permite **experimentar que la vida tiene sentido a pesar de todo**. Tengo una paciente que siempre que llega a mi consulta me dice: «¡Buenos días, Elena! ¡Hoy el día es mío, a pesar de todo!». Y es que así es. A pesar de todo, el día es suyo y solo suyo.

LOS «ES IMPOSIBLE»

Una última cuestión antes de adentrarnos más en el asunto de este libro. Somos seres sociales y, en consecuencia, nos importa terriblemente lo que los otros opinan, hacen, dicen o visten. En muchas ocasiones, esto nos ayuda a crecer, como cuando hablas con tu gran amiga, que siempre sabe qué decirte, o cuando tu madre te consuela porque algo no funciona, o cuando tu padre te da uno de sus sabios consejos, o tu jefe, que lidera como nadie, te hace ver la mejor manera de actuar... Pero también existe el «lado oscuro» en el hecho de ser seres sociales: tu entorno, preso de sus propios miedos, creencias, educación, vivencias y pasado, puede frenarte o, incluso, en modo *kamikaze on*, sabotearte. Son esas voces tipo «De esto no se vive», «Es imposible cambiar de trabajo», «Eres demasiado mayor/joven», «Siempre lo dices y nunca lo consigues»..., que, seguro, te suenan.

Sin embargo, ten en cuenta que la conducta de las personas habla de ellas, no de ti. Y esta es una premisa que debes tener clarísima si apuestas por tu crecimiento personal. Las personas exteriorizan lo que llevan dentro y, en sus conductas, tú eres una simple anécdota. La persona que critica a todo el mundo busca sentirse superior; la que siempre se queja, reafirmar que su vida es una porquería; la negativa, poder estar enfadada con el mundo; la que se marca objetivos poco realistas, fracasar; la que busca culpables de lo que le sucede, sentir que su vida no depende de ella; la que no empieza lo que se propone, quedarse en su zona de confort. ¿Te das cuenta de que todas estas personas tienen un beneficio inconsciente que justifica sus conductas? Hacen *algo* para obtener *algo*, no porque sí. Y menos por ti. Tomar distancia es imprescindible. Deja de personalizar. Es un consejo que yo misma sigo cada día. **La vida de los demás habla de los demás y no de ti.**

Deseo que, a través de estas páginas, aprendas a subir el volumen de tu voz interna más adulta para frenar las presiones externas que no suman. Debes saber que esas voces exteriores duelen porque conectan con tu niño o tu niña interior y con sus miedos. ¡Todos los niños tienen miedos y necesitan protección! Cuando hay inseguridad, cualquier presión exterior puede hacerte tambalear. Cualquier opinión externa puede retumbar dentro de ti en forma de: «¿Tendrá razón?», «¿Estaré equivocada?». Así que atender a tu niño interior es imprescindible.

Ante las críticas, no debes dejarte convencer de algo que no piensas. Puede que te digan que esto del crecimiento personal es muy complicado y que los psicólogos somos gurús que vivimos en el mundo de las teorías, pero no importa, si tú tienes claro cuáles son tus objetivos. Al final, comprenderás lo importante que es navegar entre mares movidos, saber escoger lo mejor de cada lado para construir tus auténticas verdades, las que responden a tus verdaderas necesidades.

Ser tu mejor versión, desde la consciencia, es posible.

«Cuando era joven, tener los pies en el suelo era considerado una virtud. Ya nunca oigo que a nadie se le describa así. ¿Ha perdido su significado la cualidad de tener los pies en el suelo? Yo creo que sí. El individuo moderno se describe más adecuadamente como "volando alto y veloz"... Es difícil estar con los pies en el suelo cuando la propia cultura no lo hace».

ALEXANDER LOWEN,
La espiritualidad del cuerpo

CAPÍTULO 2:

ESCUCHAR TU CUERPO

Llegamos a este mundo plenamente conectados con nuestro cuerpo. Escucharlo es una cuestión de supervivencia para los bebés. Aprendemos a reaccionar al hambre, al sueño, al frío, a la sed, al calor, a un dolor de barriga…, y lloramos para comunicarlo. O bien sonreímos cuando nuestro cuerpo está bien y satisfecho.

Los avances científicos en medicina muestran que los niños nacen con millones de conexiones neuronales que luego deben reducirse para convertirse en personas adultas. Hay una hiperconexión hasta el final de la adolescencia, momento en el que se produce una especialización y una mayor eficiencia en las conexiones entre neuronas. Es la llamada poda neuronal. Es entonces cuando la parte más moderna de nuestro cerebro, el córtex prefrontal (CPF), empieza a ganar protagonismo.

El CPF es la zona del cerebro que rige la atención, la gestión emocional, la inhibición de conductas y la planificación. Todos hemos vivido la etapa adolescente, donde los impulsos rigen nuestras acciones: la famosa pasión adolescente se debe a que nuestro cerebro aún no ha acabado de madurar. De hecho, sabemos que hasta los veinticinco años esta parte del cerebro no se considera plenamente formada.

A mí me gusta explicar cómo, de forma imperceptible y en aras de una mejora evolutiva, a medida que crecemos vamos perdiendo algo muy preciado por el camino: la conexión con el cuerpo. Los niños, superdotados ante cualquier señal del cuerpo, van aprendiendo a pensar de manera cada vez más eficiente a medida que van madurando. En un primer momento, se rigen por

instintos primarios que les conectan con sus necesidades fisiológicas. Recién nacidos, y si todo va bien, aprendemos que estas
necesidades son atendidas por nuestros cuidadores (padres, familiares o tutores), quienes también cubren otra de nuestras necesidades básicas mientras nos proporcionan cuidados: el cariño, ante el cual reaccionamos positivamente. Nacemos con algo
muy incrustado en nuestro ADN: necesitamos gustar y necesitamos el amor de los más capaces para poder sobrevivir, ya que
los seres humanos nacemos absolutamente dependientes. No
somos viables sin alguien a nuestro lado que cuide de nosotros.
La necesidad de gustar, tan instintiva, se convierte en algo que
condiciona nuestra mente y pensamientos (te hablaré de ello
más adelante).

Cuando crecemos, la mente poderosa que nos ha regalado la
evolución se une, pues, a la inteligencia del cuerpo con la que llegamos al mundo. *A priori*, esto tendría que ser positivo. Pero no podemos olvidar que, como decíamos, somos seres sociales, por lo
que a este proceso evolutivo que todos atravesamos se le añade
la socialización. En la socialización participa tanto la familia y la escuela (por cómo nos educan) como los amigos, el marco social y
cultural en el que nos desarrollamos, las redes sociales, etc. En
consecuencia, los jóvenes están muy condicionados por el exterior.

A todo esto se le tiene que sumar el funcionamiento de nuestra
mente a nivel más inconsciente, lo que aquí llamaré «el piloto
automático», y del que también hablaré más adelante.

Así pues, y resumido, el niño o la niña:

- Nace completamente conectado con su cuerpo y, por tanto,
  escucha sus necesidades con claridad y las reivindica hasta
  que son atendidas.
- En su evolución madurativa su mente va adquiriendo más
  capacidades.

- Como animal social, integra valores, creencias y vivencias procedentes de la socialización, que le influyen tanto a nivel consciente como inconsciente.
- En la socialización participa la familia, pero también el entorno, el más inmediato y el sociocultural.
- Las normas sociales adquiridas le desconectan de su cuerpo y hacen que la mente gane terreno al cuerpo.

ABRE LA PUERTA A LOS «NOES»

¿Te das cuenta, ahora, de que naces con el foco puesto en ti, pero que las voces exteriores, de las que te hablaba en el capítulo anterior, se van volviendo más y más importantes, hasta el punto de que puedes llegar a olvidarte de ti y de lo que necesitas?

Y sí, efectivamente, esas voces externas no siempre atienden a tus necesidades ni están en sintonía con ellas. Con lo cual, es comprensible que dudes, que no tengas claro qué es lo más adecuado…, sobre todo si estás en plena adolescencia. Entonces entran en juego los «deberías», a los que muchas veces, sin sentirlo, hacemos caso: «Deberías estudiar Derecho», «Deberías estar delgada», «Deberías tener hijos», «Deberías aguantar los gritos de tu padre, que ya sabes cómo es»…

Voy a ponerte algunos ejemplos de lo explicado hasta ahora para que quede muy claro el mecanismo que se activa en tu mente.

Veamos cómo se cumple la importancia de lo externo en la desconexión de mis necesidades. La mente adolescente lo que aprende, por ejemplo, es: «Yo siento hambre (cuerpo), pero si me dicen que lo primero es estar delgada (mente), el hambre no es importante (duda)». Y ya tenemos los problemas de alimentación e imagen corporal llamando a la puerta.

Otro ejemplo. Un día una chica me dijo en la consulta: «¡Qué desastre! No recuerdo absolutamente nada de la noche de ayer. He tenido que reconstruir lo que hice para saber con quién estuve». Cuando le pregunté por qué había bebido tanto, me contestó que sus amigos le habían insistido y que ella no había sabido decir que no. Su circuito mental inconsciente había sido: «Siento que el alcohol me está sentando mal (cuerpo), pero me insisten en que beber es divertido (mente); seré yo que soy una exagerada (duda)».

En ambos casos, si te fijas, gana la mente, y gana porque hay duda, hay inseguridad, está el peso brutal del entorno. Piensa que, en la adolescencia, los amigos y sus opiniones son muy importantes. Por tanto, es cuando somos más vulnerables a NO ESCUCHAR nuestras necesidades y, por ende, a nuestro cuerpo.

Y aquí añado una evidencia para los que ya tenemos una edad. Cuando yo tenía veinte años, mi entorno era mi entorno real. Y con la palabra «real» me refiero a aquello que podía literalmente tocar. Sí que es cierto que tenía una «amiga» suiza con la que me carteaba (¡sí, sí, escribía cartas a mano y las enviaba por correo postal!) y a la que nunca vi. Algo que se hacía entonces, ¡qué romántico!, para practicar, en mi caso, el francés. Pero salvo esa niña suiza, mis amigos eran personas que yo podía tocar: en la escuela, durante los veranos en Mallorca, en los inviernos esquiando. En cada ámbito, me relacionaba con personas reales.

Hoy, eso ya no es así. Nos comunicamos de forma inmediata con personas que no hemos visto y que, probablemente, nunca veremos, y esto ahora es normal. Podemos llegar a tener relaciones íntimas y compartir vivencias con personas a las que, hace veinte años, habríamos llamado «extraños». Este solo hecho cambia radicalmente la forma en la que nos relacionamos.

Nos relacionamos desde la cabeza porque el cuerpo del otro, literalmente, no existe en nuestra realidad. De nuevo, la mente domina nuestra conducta. Las claves corporales, con las que leemos a los demás, quedan completamente fuera de juego. Y como no es posible obviar que la naturaleza nos creó para que nos relacionáramos cuerpo a cuerpo, es evidente que vivimos muy engañados por nuestra mente, que es capaz de creerse lo que le da la gana.

Y, así, dejamos de comer, aunque tengamos hambre; comemos sin hambre; bebemos lo que nos sienta mal; no dormimos, aunque nos caigamos de sueño; dormimos hasta media tarde, aunque haga ocho horas que ha amanecido, o mantenemos una relación, aunque se nos parta el corazón cada tres días por peleas, desencuentros o silencios.

La buena noticia es que **puedes aprender a reconectar con tu cuerpo. Y ese es el mayor regalo que te puedes hacer a ti mismo**. Tu mente es el reino de los «deberías». Tu cuerpo es el reino de los deseos. Quien conecta con su cuerpo conecta con su esencia, con el niño o la niña que un día fue y con la sabiduría interior con la que le obsequió la naturaleza.

Me dirás que conectar con tus deseos no es garantía de nada. Cierto. Pero también es cierto que es el principio del cambio. ¿Por qué? Porque cuando uno conecta con sus deseos, conecta con sus «yo quiero». Pero, por encima de todo, conecta con sus «no quiero». Conocer tus «noes» es iniciar el camino para ser tu mejor versión.

Una paciente que estaba harta de su trabajo y de los desplazamientos en coche diarios no sabía qué quería, pero sí qué no quería: estar tres horas al día en el coche para ir y volver del trabajo. Así que se lanzó a buscar un nuevo trabajo, descartando todos los que requerían un gran desplazamiento. Con paciencia, y sabiendo qué era lo que no quería, ¡acabó encontrando un nuevo trabajo a quince minutos de su casa, que le permitía, además, comer cada día con sus hijos!

Descubrir tus «noes» te abre al cambio. Te abre a la acción. Una de mis hijas era famosa por sus noes cuando era una bebé. ¡Cuánta fuerza tenían! Tenía claro cuando para ella algo era un no, y no cedía. Siempre la pongo como ejemplo. Les digo a mis pacientes que busquen sus noes y los acompañen desde la consciencia de su ser adulto: ¡es un combo ganador! El «no» es el cuerpo y el deseo con una fuerza brutal. La consciencia es la razón serena con las mejores herramientas con las que nos ha dotado la naturaleza: ser capaces de planificar, de sumar hoy para el mañana, de poner foco en lo que nos interesa, de gestionar nuestros miedos.

¿Cómo consiguió mi paciente vencer sus miedos a quedarse sin trabajo y cuestionar la creencia de que todo lo que encontraría no estaría cerca de su casa, porque vive en un pueblo pequeño, lejos de la gran ciudad? ¿Cómo fue capaz de creer que sus deseos eran legítimos y, por tanto, factibles? Mi respuesta es que no dejó de conectarse un día tras otro con su cuerpo, que le decía que estar tres horas en el coche diariamente (quince horas a la semana) no era vida.

¿CUÁLES SON LOS IMPRESCINDIBLES?

Y esto de conectarse con el cuerpo, ¿cómo se hace? Sabemos «conectar» mil aparatos, por cable o por wifi, pero ¿qué significa eso de conectar con el cuerpo? Aquí te hablaré de la respiración, la meditación, la nutrición, el sueño, el movimiento y la naturaleza.

Es verdad que las relaciones sociales son otro de los elementos básicos del bienestar, pero no se encuentra entre los imprescindibles que acabo de citar porque en este capítulo hablamos de tu cuerpo. No obstante, muchos de estos imprescindibles que nos ayudan a conectar con nuestro cuerpo los experimentamos en compañía. ¿A quién no le encanta compartir una buena mesa con los que quiere? ¿O una excursión con bañito en el río con sus amigos? Lo sabes: si conectas con tu cuerpo en compañía, los beneficios que te aportan estos imprescindibles se verán aumentados.

1. RESPIRACIÓN

A mis pacientes les digo, para que me entiendan, que el cuerpo dispone de un «botiquín personal» básico como el que tienen en casa. ¿Verdad que hay productos que no te faltan nunca en ese botiquín?

Todos aceptamos que el cuerpo es sabio y que dispone de mecanismos de curación automáticos. Cuando nos caemos y sangramos, el organismo inicia los procesos de reparación de forma instantánea. Al igual que ocurre cuando tenemos una infección y nos sube la fiebre. Son mecanismos que no dependen de nuestra voluntad, simplemente se producen como respuesta automática. Pero hay otros que sí pueden depender de nosotros. Para mí, el más importante de todos ellos es la respiración: **quien domina la respiración domina su sistema nervioso**.

La respiración consciente es un regalo de la naturaleza de primer orden. ¿Qué hacemos las mujeres cuando damos a luz? ¡Respiramos! Pero no lo hacemos como siempre, sino que respiramos de una forma que acompaña al parto, y con él, a nuestros hijos. La sabiduría del cuerpo, una vez más.

Nuestro sistema nervioso se ocupa de gestionar la información generada por el organismo y la que nos llega de fuera, para favorecer el buen funcionamiento del resto de los órganos y sistemas corporales. Muchas funciones del sistema nervioso, especialmente las que regula el sistema nervioso autónomo (SNA), son ajenas a nuestra voluntad, pero diversos estudios llevados a cabo sobre la atención plena y la respiración consciente han demostrado que ambas pueden ayudarnos a manejar algunas de las respuestas del SNA, como por ejemplo todas las que tienen que ver con el mundo de las emociones.

Un estudio publicado en la revista *NeuroImage* en 2016 demostró que la práctica de la atención plena en la respiración tenía un efecto positivo en la regulación de las emociones aversivas, las que tradicionalmente llamamos negativas. Se constató que en la regulación de las emociones se produce una modulación de la amígdala, la estructura cerebral que te pone en alerta, y del córtex prefrontal, que constituye nuestra estructura cerebral más moderna, la que nos hace humanos. Durante dos semanas entrenaron a veintiséis universitarios en *mindfulness* y luego los expusieron a imágenes aversivas, tras indicarles que debían respirar conscientemente para controlar su frecuencia respiratoria, evitando que se alterase, como suele ocurrir cuando nos hallamos ante situaciones de alerta. Los investigadores observaron que la respiración consciente puede regular la respuesta emocional, y que esta respuesta se producía por la conexión de la amígdala con la parte frontal del cerebro.

Así pues, la respiración es tu mejor herramienta para regular tu cuerpo. Cuando aprendes a respirar..., ¡bienvenido de nuevo a tu cuerpo! ¡Vuelves a ser el niño o la niña que eras!

Piensa, por un momento, en un niño que duerme: ¿cómo se mueve su barriguita? Su respiración la hace subir y bajar de forma muy evidente. Este movimiento, que es posible gracias a que el diafragma está liberado, lo pierdes cuando te haces mayor. Pasas a respirar desde la zona de los pulmones, olvidando la necesidad de que el aire también llene la barriga.

Creo que es indispensable entender las cosas antes de ponerse a hacer algo nuevo. Con la respiración, más de lo mismo. Te invito a que practiques los dos ejercicios que aparecen en los siguientes recuadros, pero empezando por el de la respiración diafragmática. Igual que no puedes conducir un coche si no dominas primero el cambio de marchas y los pedales, tampoco puedes respirar conscientemente si no sabes localizar tu diafragma y entiendes su funcionamiento.

EJERCICIO 1. RESPIRACIÓN DIAFRAGMÁTICA

Somos una sociedad con el diafragma bloqueado, y ello hace que también esté bloqueada nuestra capacidad de relajarnos a voluntad.

¿Cómo puedes localizar tu diafragma?

El diafragma es el músculo principal de la respiración y rodea, como un cinturón, la parte inferior de los pulmones. Sitúa las manos a cada lado de tu pecho, justo debajo de las axilas Tus manos miran hacia abajo. Ahora cierra los ojos y empieza a respirar con normalidad. Aunque sea poco, siente cómo tus manos se mueven con tu respiración.

Ahora vas a forzar un poco más este movimiento, porque así aprenderás a conectar con tu diafragma.

Coge aire por la nariz y exagera el hecho de que tus manos se muevan para afuera. El *quid* de la cuestión está en notar que tu caja torácica se hincha, se hace grande. A continuación, suelta el aire con fuerza por la boca y nota cómo tus manos se van para dentro con la contracción del pecho.

Esta es la idea. Imagina que tienes una cinta que envuelve tu pecho y que esta cinta mide noventa centímetros.

Pues cuando coges aire, la cinta se vuelve más grande para que tu torso quepa dentro, ya que tu pecho se ensancha. Cuando sueltas el aire, la cinta mide menos de noventa centímetros.

EJERCICIO 2. RESPIRACIÓN 4-7-8

Otra respiración que enseño y practico con mis pacientes el primer día que nos vemos es la respiración del 4-7-8. Ahora que ya sabes qué es el diafragma y has intentado movilizarlo, estás preparado para poner en marcha una de las respiraciones más sencillas y efectivas que existen.

Se trata de coger aire suavemente por la nariz contando hasta 4. Retén el aire mientras cuentas hasta 7 y luego suéltalo por la boca suavemente contando hasta 8.

Mira el dibujo y visualízalo. Es un círculo en continuo movimiento, donde vas repitiendo el 4, el 7 y el 8, y vuelta a empezar.

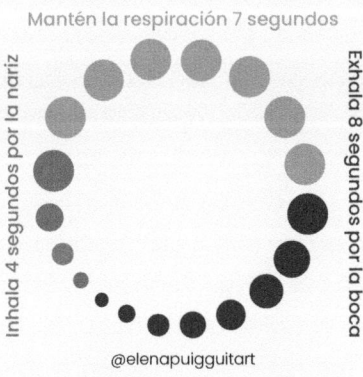

Mantén la respiración 7 segundos

Inhala 4 segundos por la nariz

Exhala 8 segundos por la boca

@elenapuigguitart

Si te cuesta mantener este ritmo de 4-7-8, sé flexible. Así empezarás a practicar otra de las herramientas básicas del bienestar: ¡la maravillosa flexibilidad! El arte de saber adaptarte, pase lo que pase, de soltar lo que ya no sirve o lo que, de momento, no sirve, para abrazar lo que sí sirve.

Volvamos a la respiración. Si te ahogas respirando así, antes de morirte o de pensar que tu psicóloga es una friqui, reduce los segundos: en vez de hacer series de 4-7-8, prueba con 2-3-4. ¡Ya llegarás a los 4-7-8 muy pronto!

Si te fijas, te sugiero que reduzcas los tiempos, pero el de coger aire continúa siendo más corto que el de soltar aire, concretamente la mitad. ¿Qué sentido tiene que sea así? Te cuento.

Cuando estás estresado, tu cuerpo percibe que hay una alarma. Por pequeña que sea la preocupación, la contempla como una alarma («Debo estar atento porque pasa algo allá fuera que necesita de toda mi atención»). Pero, además, también está pensando: «Esto que está pasando igual puede acabar mal, así que todo a punto por si hay que luchar o huir». Así de claro y directo es tu cuerpo. ¡Por supuesto! Quiere que sobrevivas, esta es su misión y para ello necesita ser literal.

De este modo, con la alarma «encendida», tu respiración es superficial y a la altura de los pulmones. Corta y con tendencia a ser rápida. El cuerpo quiere que tengas el máximo de oxígeno disponible a nivel cardiovascular y muscular para prepararte para la lucha o la huida. ¿Entiendes ahora por qué coges tanto aire y tan rápidamente? En este momento, al cuerpo no le interesa para nada tu digestión, por ejemplo, ni ninguna otra función habitual del organismo que no ayude al momento de peligro. Así que las paraliza.

Cuando activamos la respiración del 4-7-8, el cuerpo que siempre está atento recibe la siguiente señal: «Elena está soltando más aire (8) que el que coge (4) y con una pausa larga en medio». ¿Conclusión lógica a la que llega? «Elena no está ante ningún peligro porque, si no, no soltaría tanto aire. Esto quiere decir que está relajada».

¿Qué acabamos de hacer? Convencer al cuerpo de que Elena está relajada. Parece una tontería, pero fíjate en la siguiente máxima, porque funciona: «Actúa hasta que lo integres» o, como dicen en inglés, «*Fake it 'till you make it*». Algunos de mis pacientes son actrices o actores y me han contado muchísimas veces que, en determinados papeles, les cuesta mucho abandonar su personaje cuando salen del teatro o del set de rodaje. ¡Pues claro! A base de repetición, el cuerpo integra la ficción como una realidad.

Practica la respiración consciente con el ejercicio 4-7-8. Yo recomiendo hacer tres rondas cada día. Cada día es cada día. ¿Cuánto duran tres rondas del 4-7-8? Pruébalo ahora y me respondes tú.

Si no podemos o no queremos dedicar un minuto de nuestro día a una herramienta que nos permite gestionar nuestro sistema nervioso y, por lo tanto, nuestras reacciones y emociones, entonces lo debemos decir en voz alta: «¡No me da la gana respirar conscientemente durante un minuto al día!». Así, contundente, y si es delante del espejo y mirándote a los ojos, mucho mejor. Solo de esta forma, escuchándote y viéndote, tomarás consciencia de tus acciones. Y si la acción es una que te sabotea, la debes asumir, porque es la única manera de poder cambiarla algún día.

No nos gusta escucharnos decir en voz alta: «¡No me da la gana comer bien!», «¡No me da la gana hacer los ejercicios que me ha indicado el médico!», «¡No me da la gana pasarlo bien con mis amigos!»... En forma de voz interior, tiene un pase. Pero decírnoslo en voz alta ya es otro cantar. Pruébalo, verás la diferencia.

Si finalmente, y como espero, te decides a practicar diariamente y con disciplina la respiración del 4-7-8, te estarás dotando de una herramienta que aflorará en tu consciencia cuando estés en un apuro. Sea un disgusto, una ruptura amorosa, una época de estrés o un malestar físico.

La repetición establece circuitos neuronales que antes no tenías: has incorporado un aprendizaje. Igual que vas al baño a mojarte la cara con agua fría porque sabes que te funciona cuando sufres ansiedad, si aprendes a respirar y llevas una buena práctica, no solo te vendrá a la cabeza cuando lo necesites, sino que además te servirá siempre, en cualquier situación, porque has asociado durante mucho tiempo el 4-7-8 a un estado de paz, tranquilidad y consciencia. Bravo.

2. MEDITACIÓN

Es otra herramienta poderosa que te conecta con el cuerpo y eso que, a primera vista, parece que no estás haciendo nada. Hay personas a las que la meditación incluso les provoca incomodidad, mucha incomodidad.

Tenemos asociada la meditación con las culturas orientales, pero meditar es estar con uno mismo, sin estímulos externos que nos distraigan, una práctica común en todas las tradiciones espirituales y religiosas. Probablemente, la versión de meditación que más te suene es el *mindfulness*, muy extendido en el mundo occidental, pero que no es más que la adaptación de las prácticas meditativas budistas a nuestra cultura. Se trata de una técnica pensada y estructurada por Jon Kabat-Zinn en los años sesenta del pasado siglo. Este médico estudió meditación budista en la India y se le ocurrió adaptarla con el fin de poder trabajar la reducción del estrés.

El *mindfulness* busca prestar atención al momento presente sin juzgar lo que surja, sea agradable o no, y sin tratar de evitarlo o de reaccionar ante ello. En estos estados de silencio lo que queda es tu ruido interior, con un volumen tan considerable que, ciertamente, puede llevarte a pensar que estos ratos son un suplicio. Pero ¿acaso no fue un «suplicio» cuando empezaste a aprender a multiplicar, a bailar o a coser, o cuando al principio se te espachurraban todas las tortillas de patatas que hacías? Cuando aprendemos, pasamos por momentos de desencanto, pero transitar la incomodidad es imprescindible, es necesario saber tolerarla. Sin darnos cuenta, acabamos de definir la famosa resiliencia: la capacidad de afrontar las adversidades y continuar adelante.

Tus inicios en la práctica de la meditación precisarán de resiliencia. El premio que obtendrás después te compensará con creces.

Los beneficios del *mindfulness* están siendo estudiados desde hace años. Un estudio de 2012 publicado en *International Journal of Clinical and Health Psychology* recoge la evidencia de que las psicoterapias llamadas de tercera generación —como las intervenciones basadas en *mindfulness*, la terapia centrada en la compasión (CFT) y la terapia de aceptación y compromiso (ACT)— han demostrado eficacia ante trastornos de ansiedad y depresión, así como efectos positivos en la calidad de vida (Pérez Aranda, 2019). Y otra buena noticia respecto a los resultados de estas prácticas: un estudio de 2022 (Yue Sun, 2022) constata que la ACT es eficaz en síntomas depresivos tanto como tratamiento individual y grupal como en formato *online*, lo cual te anima todavía más a practicar *mindfulness*, ya que parece ser que su práctica es eficaz en cualquier formato que se realice. Se necesitan más estudios, como siempre, pero está demostrado que la práctica individual del *mindfulness* puede mejorar muchísimo la calidad de vida.

Siempre digo que, así como levantar pesas es el ejercicio que construye tus bíceps, meditar es el ejercicio que construye otro «músculo maravilloso», el de la consciencia. Y, como ocurre con tus bíceps, la consciencia no se construye en un día. Solo con entrenamiento continuado conseguirás tener el músculo que deseas. Tu disciplina, tu paciencia y tu constancia son las claves que tienes que desarrollar, y no la motivación.

Muchos buscamos o esperamos erróneamente la motivación para empezar o continuar con algo. Esto es un gran error de base, porque la motivación tiene la terrible costumbre de presentarse un buen día... e irse cuando menos te lo esperas. Piensa que, para que tu motivación se quede contigo a vivir, debes convencerla con una *buena cama* —la disciplina—, una *buena comida* —la paciencia— y *la mejor de las compañías* —la constancia. ¿O acaso te quedarías en una casa donde un día tienes cama y al otro duermes en el sofá, donde no hay nada en la nevera o en la que convives un día con diez y luego te pasas un mes sin ver a nadie?

En el camino de construir consciencia, que es el elemento imprescindible cuando quieres trabajar en ser tu mejor versión, precisas de la habilidad de conectar con tu esencia en silencio. Precisas de la meditación. Es muy complicado ser tu mejor versión con todo el ruido ambiental que tenemos. Y por «ruido» hay que entender el ruido simbólico al que tú y yo estamos sometidos: la presión por ser quienes esperan que seamos, la comparación con los demás —potenciada, ahora, por las redes sociales—, la preocupación constante por el dinero, por el trabajo y por el estatus. Todo esto nos despista de nuestro mayor propósito vital: vivir felices y en paz, algo tan sencillo y complicado a la vez. Quien vive feliz y en paz vive en el amor, en la compasión, en la aceptación..., todos ellos estados de gran evolución personal y espiritual, y que cuestan un montón de conseguir. Aquí nadie ha dicho que lo que te propongo sea fácil. Ni mucho menos. Pero lo que sí que afirmo con rotundidad es que tiene premio. El camino de ser tu mejor versión tiene premio.

Si estamos de acuerdo en que ser tu mejor versión necesita consciencia —el estado de autoobservación serena y amorosa—, entonces debes dotarte de recursos que te ayuden a observarte de forma armoniosa y natural. Como he dicho, **la meditación sitúa tu atención en el momento presente, sin juzgar lo que surja, sean pensamientos, emociones o percepciones derivadas de estímulos exteriores**. Comprenderás que, con la vida actual, con los estímulos exteriores multiplicados por cien mil respecto a los que tenían nuestros antepasados, mantener la atención en el momento presente es un gran reto. La práctica, como te decía, es esencial, no hay milagros.

¿Y no es de retos de lo que tendría que ocuparse la educación? Se está haciendo un gran esfuerzo, aunque todavía con muchas limitaciones, para introducir estas prácticas en el currículo académico. Y sí, dentro del currículo oficial, no en forma de contenido extracurricular. Si queremos una humanidad más sabia y mucho más creativa, tenemos que invertir en pedagogías adaptadas a los tiempos que vivimos y potenciar herramientas de inteligencia emocional. Es urgente esta reorientación de contenidos.

Un referente como Claudio Naranjo, psiquiatra, psicoterapeuta y especialista en educación emocional, denunciaba en 2004 que «la institución educativa, tal y como está construida, no se ocupa más que de cosas insignificantes, no enseña a las personas a ser buenas personas para lograr un mundo mejor; a los jóvenes les basta un contacto breve con la escuela para saber que no les interesa». Claro, directo y rotundo. Sostiene que la formación de los profesores y profesoras debe incluir lo que él llama «conocimiento existencial» para poder transmitir la educación emocional al alumnado. Un auténtico cambio de paradigma.

Si quieres profundizar más en la aplicación del *mindfulness* en problemáticas de salud mental, hay un artículo muy interesante de 2018 publicado en *Clinical Psychology Review* donde se analizan 171 estudios realizados con más de 12.000 personas entre los años 2000 al 2016 y con conclusiones que sitúan esta práctica como un tratamiento efectivo comparable a los tratamientos de la medicina tradicional.

3. NUTRICIÓN

Muy probablemente habrás oído hablar últimamente de nuestro segundo cerebro: el intestino. A mí me maravilla todo lo que se está descubriendo en estos años sobre el cuerpo. Los avances en tecnología nos están permitiendo mirar muy adentro y muy profundo, y con cada nuevo descubrimiento estamos reconociendo un cuerpo que no deja de sorprendernos. ¡Somos tan tan complejos!

Te preguntarás qué relación tiene tu zona intestinal con tus emociones y con tu mundo interior a nivel psicológico. Pues resulta que todo. Hoy sabemos que la serotonina, el neurotransmisor que hasta hace poco creíamos que se producía únicamente en el cerebro, se origina en un 90 por ciento (¡qué barbaridad!) en el intestino. Y con la dopamina ocurre lo mismo. ¿Quién no ha sentido mariposas en el estómago cuando se ha enamorado? ¿Quién no tiene retortijones cuando está nervioso? ¿Y a quién no se le ha revuelto el estómago al estar preocupado o bien se le ha cerrado al sufrir una pérdida?

El sistema digestivo nos habla, ¡vaya si nos habla! Y lo hace con tanta fuerza que te cambia químicamente. No se trata de imaginaciones tuyas. Sientes las reacciones fisiológicas de tu cuerpo que responde, como nadie, a tus emociones.

Hay un estudio de 2022 que a mí me llamó especialmente la atención porque relaciona la alimentación con el sueño. Me llamó la atención porque, estudiando un grupo de 733 chicas adolescentes de Irán de entre 12 y 18 años, se vio que la dieta mediterránea, que ya sabemos que es un tesoro que tenemos en estas tierras, está asociada a mejores patrones de sueño y, concretamente, a la reducción del insomnio. En 2019, en otro estudio llevado a cabo en Italia ya se observó que la dieta mediterránea está relacionada con una mejor calidad del sueño en adultos.

La alimentación, pues, interfiere en todos los sistemas del cuerpo. La psiquiatría nutricional es un campo muy en boga en el que se están realizando numerosas investigaciones. Explorar la relación entre nutrición y problemas de orden psicológico es abrir la puerta a soluciones muy prometedoras. En una revisión centrada en encontrar literatura científica publicada entre los años 1977 y 2015 que relacionara dieta y suplementación nutricional con depresión encontraron múltiples estudios con evidencias de nutrientes que mejoran los síntomas depresivos, como el omega 3, y otros que los empeoran, como los azúcares refinados y las grasas saturadas.

Nuestro cerebro, comparado con el del resto de los mamíferos, es el que más energía consume, y también es el órgano humano que más energía necesita. Pesa 1/50 de nuestro peso corporal y gasta el 25 por ciento de la energía. Estos datos lo dicen todo. Además, no tiene reservas, con lo cual necesita del resto del cuerpo para funcionar.

Linus Carl Pauling, Premio Nobel de Química en 1954 por sus investigaciones sobre los enlaces químicos (además de Premio Nobel de la Paz en 1962, ¿te lo puedes creer?), considerado padre de la biología molecular, propuso el concepto de «psiquiatría ortomolecular», ya que planteó concentraciones moleculares óptimas de sustancias presentes en el cuerpo humano de forma natural para tratar enfermedades mentales como la esquizofrenia.

Varios estudios establecen que posibles problemas de tipo cognitivo y conductual tienen relación con los aminoácidos, minerales como el hierro y el selenio, antioxidantes y vitaminas como la B12. El 20 por ciento de la grasa cerebral son ácidos grasos omega 3 y omega 6 que obtenemos de la dieta.

No hay que esperar a la aparición de enfermedades para tomarnos la alimentación en serio. Es muy interesante el campo de la microbiota, lo que antes conocíamos como flora intestinal. Y es que la llamada inflamación de bajo grado, causada por el aumento de las citoquinas proinflamatorias, se relaciona con la depresión, la esquizofrenia y el trastorno bipolar. Esta inflamación se debe a dietas desequilibradas, tabaquismo y obesidad, entre otros factores.

4. SUEÑO

Los seres humanos necesitamos descansar y estamos preparados para hacerlo durante la noche. Nos regimos por unos ritmos, los ritmos circadianos del cuerpo, que van marcando nuestras rutinas.

Hasta hace muy poco, las personas no disponíamos de luz artificial en nuestras casas, ya que es un invento relativamente reciente. La importancia de este cambio es crucial para entender muchos de los problemas que tenemos ahora. Y te estarás preguntando por qué.

¿Has estado alguna vez en lo alto de una montaña, aislado y con la sola luz que te pueda dar el cielo? Los que somos aficionados a la naturaleza sabemos cómo se agradece una luna llena en plena noche. Lo ilumina absolutamente todo de una forma que te parece un auténtico regalo. En la ciudad, esa misma luna, la aprecias por lo estético, por nada más. No te das ni cuenta de la cantidad de luz que desprende.

La luz artificial y todos los inventos electrónicos que se han ido incorporando a nuestras vidas nos desconectan de nuestros ritmos naturales. Antes, cuando oscurecía, compartíamos un rato alrededor de un fuego o de una vela y a dormir. No había nada más que hacer ni ver. Ahora esto es impensable. ¡La fiesta empieza cuando se hace de noche!

La consecuencia es que ya no nos levantamos cuando amanece ni nos acostamos cuando oscurece. Y si hacemos alguna de estas dos cosas —apuesto a que sobre todo es la primera de ellas—, lo hacemos por obligación, por trabajo, por necesidad. Así pues, estamos imponiendo al cuerpo, que tiene millones de años de evolución, unos ritmos que tienen algo más de un siglo de vida. El resultado es esta sociedad del cansancio de la que nos habla el filósofo Byung-Chul Han, en la que, creyéndonos más libres que nunca, acabamos siendo esclavos de las nuevas formas de vivir.

Ya en 2010 la Asociación Médica Estadounidense y la Academia Estadounidense de Medicina del Sueño afirmaron que la falta de sueño en adolescentes es un riesgo grave para la salud. Y la *Guía de práctica clínica sobre trastornos del sueño en la infancia y adolescencia en Atención Primaria en España* (2011) recomienda dormir entre nueve y diez horas en estas etapas.

Para cumplir con todas sus funciones, el cerebro fluctúa entre cinco tipos de ondas diferentes con campos electromagnéticos de distintas frecuencias:

1. Las ondas delta son lentas y corresponden al sueño profundo.
2. Las ondas theta aparecen cuando meditamos, practicamos yoga o estamos aprendiendo algo. Son las que se dan en la fase del sueño REM, cuando soñamos.
3. Las ondas alfa promueven los estados de relajación, se observan justo antes de que nos durmamos o cuando estamos haciendo algo relajante, como tomar un baño o mirar una puesta de sol.
4. Las ondas beta se manifiestan cuando estamos inmersos en algún tipo de actividad mental intensa.
5. Las ondas gamma aparecen en momentos de resolución de problemas y están relacionadas con la consciencia.

Durante el sueño fluctuamos entre las ondas más lentas y el sueño REM, que tiene una función en la consolidación de la memoria y donde hay movimientos oculares rápidos. En una noche, en función de las horas que durmamos, podemos tener entre cuatro y seis ciclos con una duración aproximada de noventa minutos.

Los problemas de sueño (insomnio, apneas, etc.) tienen implicaciones en la salud y el bienestar. En Estados Unidos, por ejemplo, la Office of Disease Prevention and Health Promotion (ODPHP; Oficina para la Prevención de Enfermedades y Promoción de la Salud), dependiente del Departamento de Salud y Servicios Humanos, ha iniciado políticas para promover hábitos de sueño saludables al detectar los problemas derivados de la falta de descanso nocturno. Sus datos actuales indican que el 25 por ciento de las personas adultas norteamericanas descansa muy poco quince de los treinta días que tiene el mes. Es una barbaridad. De sus informes se desprende que la falta de sueño aumenta el riesgo de todo tipo de patologías: de corazón, tensión arterial, obesidad, diabetes, entre otras. Pero es que, además, dormir adecuadamente es necesario para el sistema inmunológico, para regular el metabolismo del azúcar y para el rendimiento en general, tanto laboral como escolar. Cuando una persona está enferma o sufre una patología crónica, una buena higiene del sueño es indispensable, ya que durante el descanso el cuerpo se repara, si no, pueden empeorar los problemas de salud.

Dormir, cuando estás trabajando en ser tu mejor versión, es tan importante como el resto de las acciones que emprendes de forma intencional. En cambio, el no dormir afecta negativamente a tu nivel de energía, a tu paciencia, a tu irritabilidad y a tu motivación. ¿Cómo vas a trabajar en ser tu mejor versión si vas arrastrándote por la vida?

5. MOVIMIENTO

Estamos hechos para movernos. Pero, como ocurría con el sueño, la evolución que los seres humanos hemos experimentado en el último siglo nos ha desconectado de esta necesidad. Nuestros antepasados se veían obligados a moverse para alimentarse, trasladarse, hacer actividades que requerían esfuerzo físico…, pero resulta que ahora nos alimentamos sin necesidad de cultivar ni de muñir ni de pastorear; nos trasladamos con máquinas, y el esfuerzo físico ha pasado a ser mínimo en nuestra forma de vida más común. Hoy, los niños continúan moviéndose porque tienen mucha vitalidad y ganas de jugar, pero las personas adultas solo practicamos ejercicio fuera de nuestro horario laboral porque sabemos que es saludable.

Son múltiples las investigaciones que aconsejan la práctica de ejercicio en casos de trastornos de ánimo, pues se ha demostrado que es un efectivo antidepresivo natural. La Canadian Network for Mood and Anxiety Treatments (CANMAT), que realiza regularmente estudios para avalar el uso de terapias complementarias como coadyuvantes de psicofármacos, recomienda la práctica de ejercicio como primer tratamiento en casos leves y moderados de depresión (treinta minutos de ejercicio tres veces a la semana, durante nueve semanas seguidas), mientras que para los casos moderados y graves lo indica como segundo tratamiento coadyuvante a los antidepresivos durante el mismo tiempo.

Buscando establecer la posible relación entre ejercicio físico, del tipo que sea, y el bienestar, en 2017, un grupo de investigadores indios estudiaron si el sistema vestibular (compuesto por nuestro oído y el tronco encefálico) podía ser estimulado con el fin de conseguir reducir el estrés y aumentar el bienestar percibido por las personas, ya que, tal y como demostró en 1937 James Papez, el sistema vestibular y el sistema límbico se pueden relacionar a través del sistema de activación reticular, llamado circuito de Papez. El sistema límbico es el área del cerebro que regula las emociones. Cuantas más emociones expresa una especie, más desarrollada está esta parte del cerebro. Y, si de algo no dudamos ni tú ni yo, es de que los humanos somos seres muuuy emocionales. Pues bien, este estudio demostró que la estimulación del sistema vestibular condiciona al sistema límbico, que influye en el sistema nervioso autónomo, con su rama simpática (alerta) y parasimpática (reposo). Así pues, se observó que el movimiento (ir en bicicleta, andar, mantener el equilibrio, rotaciones, giros...) favorece el bienestar psicológico de las personas.

En otro estudio, a un grupo de chicas adolescentes con síntomas depresivos entre leves y moderados se les prescribió, durante ocho semanas, cinco entrenamientos semanales de cincuenta minutos de *jogging* moderado. Los resultados mostraron claros beneficios; el ejercicio redujo significativamente los niveles de cortisol y adrenalina en orina, que están relacionados con la activación del sistema nervioso simpático, y también presentaban reducciones de la frecuencia cardíaca en reposo y un aumento del consumo de oxígeno y de la capacidad pulmonar. El ejercicio mejoró los síntomas depresivos, el estado fisiológico general y la respuesta hormonal al estrés.

Moverse es vida, se ha dicho siempre, y yo lo mantengo aquí. Aunque faltan todavía muchos más estudios para terminar de validar la relación entre ejercicio y bienestar emocional, el sentido común impera. Tampoco se había demostrado que la Tierra era redonda... ¡y lo era! Confía en tu intuición y muévete.

6. NATURALEZA

El contacto con la naturaleza tiene un efecto relajante en nuestro sistema nervioso. Y la razón, estudios aparte que lo demuestren, es muy intuitiva. No obstante, a lo largo de todo el proceso de industrialización, las ciudades de tamaños inmensos que han ido surgiendo nos han alejado de la naturaleza.

Somos conscientes de que vivimos en un mundo en constante transformación, «un mundo líquido» como lo llama el sociólogo Bauman (2009), en el cual la velocidad brutal de los cambios que estamos presenciando debilitan los valores y, en consecuencia, también nuestras relaciones y la forma en que nos vinculamos con los demás. Ante los retos que nos presenta esta evolución tan rápida de las sociedades, hay actualmente, más que nunca, la voluntad de incluir lo verde en la vida urbana por el bienestar que genera en las personas: los niños pueden jugar en entornos saludables y los adultos podemos obtener grandes beneficios físicos y psíquicos.

En 1983, Ulrich fue el pionero en llevar a cabo estudios que relacionaban cómo influye la naturaleza en nuestro bienestar. Analizando algo tan simple como el impacto de caminar en espacios verdes abiertos, constató que ello mejoraba las puntuaciones en autoestima y estado de ánimo. ¡Casi nada! La autoestima, la gran batalla de muchos de nosotros. Asimismo, en 2011, Corraliza y Collado estudiaron cómo estar en contacto con la naturaleza moderaba el estrés infantil. Me dirás que para averiguar esto no hacía falta ninguna investigación, ¡y llevas razón! Porque seguro que lo pudiste comprobar de primera mano cuando eras niño y experimentabas lo bien que te sentaba alejarte del agobio de la ciudad e ir a la playa o a la montaña, o bien porque ahora tienes hijos pequeños y puedes observarlo claramente en ellos. Estoy convencida de que más de una vez has contemplado ensimismado las olas rompiendo en la orilla, una puesta de sol o las nubes corriendo por el cielo, o que has paseado entre campos o en medio de un bosque frondoso que huele a vegetación, escuchando el agua de un río precipitarse o a algún animal moviéndose escondido o pájaros cantando, y te has sentido magníficamente bien.

Hipócrates, el padre de la medicina, dijo «*Vis medicatrix naturae*» («La naturaleza es el médico de las enfermedades»). Con la palabra «naturaleza», Hipócrates se refería a la capacidad del cuerpo para volver a su equilibrio natural, no a la naturaleza como conjunto del mundo material y físico que nos rodea. Pero «naturaleza» es todo aquello que ha creado la Tierra sin la participación humana, y nosotros, los seres humanos, formamos parte del equilibrio global. Lo dice un antiguo proverbio chino: «El aleteo de las alas de una mariposa se puede sentir al otro lado del mundo».

Estamos conectados con todo lo vivo y lo inanimado del planeta y del universo, y nos influimos positiva y negativamente. ¿Cómo no puede tener efecto en ti la naturaleza si estás pensado para vivir en ella? Lo anormal en nuestra idiosincrasia es desconectar de lo natural creando entornos urbanos masificados.

En 2017, un grupo de psiquiatras, psicólogos y especialistas en arquitectura y medioambiente serbios hicieron un estudio muy interesante con personas procedentes de ambientes urbanos vulnerables que sufrían depresión y problemas psicosomáticos. Estas personas eran víctimas del crecimiento urbano, la crisis económica y social y, especialmente, del trauma de haber vivido una guerra treinta años antes. Se trataba de incorporar la naturaleza como elemento terapéutico, pasando tiempo en el Jardín Botánico de Belgrado y cuidando un huerto dentro de la ciudad, y comprobar si esto podía mejorar la salud mental de los pacientes. Dividieron a los participantes en dos grupos: uno hizo terapia hortícola y se alojó en las instalaciones del Jardín Botánico durante el estudio, y otro hizo arteterapia, además de seguir el tratamiento convencional. Los resultados mostraron que la terapia basada en la naturaleza ayudó a los participantes a mejorar sus estados de ansiedad, depresión y estrés de forma mucho más efectiva que la combinación de arteterapia y tratamientos convencionales.

Pero todavía hay más. La naturaleza no solo nos afecta positivamente cuando buscamos de forma intencionada estar en contacto con ella, sino también lo puede hacer de forma indirecta. Me explico. En Barcelona, en el año 2015, se hizo un estudio sobre el tipo de vegetación que había en la ciudad y el impacto que tenía en el confort climático. Las personas regulamos la temperatura a través de la piel y podemos sufrir estrés térmico. La intención del estudio era descubrir cómo cada tipo de árbol influía en el microclima urbano con el fin de poder diseñar una ciudad más saludable. Era importante conocer las sombras que daban los árboles, cómo afectaban en la temperatura, en la cantidad de luz, etc., y así luego, con estos datos, poder utilizar los árboles como herramienta de protección solar. En una ciudad mediterránea, esto lo es todo. Los calurosos y húmedos veranos son una fuente de malestar para las personas. Los autores de la investigación llegaron a medir diferencias de hasta veinticinco grados centígrados en temperatura radiante, ¡una brutalidad! La temperatura radiante es la que sale de la superficie, por tanto, entre un suelo protegido por un árbol y uno no protegido, podía haber diferencias de hasta veinticinco grados. Supongo que te parece tantísimo como a mí; sudo solo de imaginarme esos días abrasadores de julio, con el sol pegando fuerte y sin una sombra cerca bajo la que guarecerse. Entonces es cuando no entiendo por qué han estado tan de moda esas plazas duras y asfaltadas. De nuevo: ¿cuánto confort puede aportar a una persona una intervención de este tipo? Muchísimo. Tener sombras, mantener el calor a niveles tolerables redunda en un mejor humor, menos irascibilidad y una vida social más plena, y además ayuda a que el conjunto de la población pueda mantener un cierto grado de actividad física, salir al parque, conectarse con los demás y gozar de un aire más puro.

Sé que mucho de esto es intuitivo, y me alegra que lo compartas. Porque significa que nuestra inteligencia más primitiva todavía nos sirve. Sal a la naturaleza. Pasarás un buen rato, pero además mejorará tu estado de ánimo.

TU «PARA QUÉ»

Recuerda: respiraciones conscientes, meditación, nutrición, descanso, movimiento y naturaleza. Todo ello es un combo ganador en tu estado de ánimo y tu bienestar emocional.

Aunque, por muy buena voluntad que tengas, nada de eso te servirá si no lo introduces en tu vida desde la consciencia, desde tu comprensión más profunda de que todos estos factores tienen que formar parte de tu propia esencia, de tu identidad. Y, para ello, tenemos que avanzar e introducir todo lo que debe despertar en ti tu «para qué».

Les digo a mis pacientes que sus «para qué» son la gasolina que mueve el coche, la leña que alimenta el fuego. Puedo tener el mejor de los vehículos, pero si no le pongo gasolina, no podré sacarlo del garaje; precioso, eso sí, pero en el garaje.

Una paciente que estuvo trabajando en África me dijo que los paisajes que se encontró allí le habían hecho integrar el «para qué» estar en contacto con la naturaleza. La sensación de bienestar profundo que le producían los mágicos amaneceres o los paseos por los caminos le hizo entender que, al volver a España, no quería renunciar a la paz interior que le aportaba la naturaleza. Ahora nada en el mar todos los fines de semana del año. Todos. Contundente.

«Hay un río de sentimientos en nuestro interior en el que cada gota de agua corresponde a uno diferente y cada sentimiento depende de todos los demás para existir. Para observarlo, tan solo debemos sentarnos en su orilla e identificar cada sentimiento a medida que emerge, fluye y desaparece».

THICH NHAT HANH, *La paz está en tu interior. Prácticas diarias de mindfulness*

CAPÍTULO 3:

DARTE CUENTA

Cuando de forma intencional, a través de las herramientas que te he dado en el capítulo anterior, experimentas que tu cuerpo despierta de nuevo, tu mente potente, ahora sí en su máximo desarrollo, se pone a tu servicio.

Una mente potente sin cuerpo puede ser un arma de destrucción masiva, que digo yo. Una cabeza que se rige por las normas sociales, por aquello que dicta la cultura es realmente peligrosa, porque guiarse por las voces externas obliga a obviar necesidades y deseos personales. Atender lo exterior es fantástico, siempre que hayas aprendido a priorizarte. Darse a los demás tiene sentido cuando no lo haces desde la necesidad, sino desde la voluntad.

PRIORIZARTE DESDE LA CONSCIENCIA

Priorizarte es atender tus necesidades, así de sencillo. Si al priorizarte le añades la consciencia, te convertirás en una persona valiosa para el mundo y para tu mundo.

Muchas veces he escuchado críticas al hecho de priorizarse, especialmente por parte de las personas más mayores. La razón es simple y comprensible. Bebemos, todavía, de una cultura muy marcada por los preceptos religiosos, donde se obvian algunos conceptos importantes. Y uno de ellos es, precisamente, priorizarse.

¿Has leído alguna vez en algún texto sagrado de alguna religión: «Oye, priorízate»? Pues no. Y ello ha impregnado radicalmente nuestra forma de entendernos durante siglos y siglos. Y algo que existe desde hace siglos no lo vamos a cambiar en una década.

Como te decía, hay quienes no están de acuerdo con que yo te diga que debes aprender, sí o sí, a priorizarte. El motivo escondido tras su reticencia es que creen que el hecho de que tú pienses en ti tiene un peligro evidente: que te olvides de mí. Aplicado al día a día: que pises a tu compañero de trabajo para conseguir ese nuevo cargo, que salgas cada fin de semana con tus amigos y te olvides de que tienes hijos que atender, que vayas en el coche con la música a todo volumen a las doce de la noche sin importarte que los demás estén descansando... Pero estos ejemplos en realidad no definen a alguien que se prioriza, sino a una persona egoísta. Aquí está la razón por la que se ha criminalizado tantísimo el hecho de priorizarse: porque se ha confundido con el egoísmo. ¿Y quién quiere ser egoísta? ¡Nadie!

Llegados a este punto, debemos comprender el porqué de esta manía cultural, muy enraizada en la religión, que insiste en el «no seas egoísta» cuando te priorizas. En el pasado, textos como la Biblia, por citar un escrito sagrado cercano, trataban de hacer llegar enseñanzas a personas que no tenían formación tal como hoy la consideramos, personas que no sabían leer ni escribir, que aprendían exclusivamente a través de la oralidad (el conocimiento se transmitía porque te lo explicaban). La narración era la herramienta básica. Las historias y las fábulas permitían que la persona que escuchaba conectara con el personaje y el hecho narrado porque bajaban la enseñanza a su nivel: el nivel vivencial.

Como no era fácil explicar la diferencia entre egoísmo y priorizarse, para evitar el peligro que conllevaba que priorizarse (pensar en uno mismo) condujera erróneamente al egoísmo, en este tipo de textos se optó por no hablar del quererse a uno mismo. Resultado desastroso: generaciones y generaciones incapaces de entender que sus vidas eran importantes y que atender sus necesidades era la base sobre la que construir una vida plena y con sentido. Ya no solo para la propia persona, sino para toda su familia y su comunidad.

Si en la era de las redes sociales y el exceso de información todavía lidiamos con el aprender a escucharnos y respetarnos, ¡no me quiero imaginar qué pasaba en pleno siglo I, X o XV!

Y hay otro factor determinante para que tacharte de egoísta fuera la primera opción cuando pensabas en ti: la necesidad de control social. Si el poder del momento hubiese promovido que las personas se escucharan e hicieran lo que les apetecía…, ¿hubieran obedecido normas injustas, dado la mitad de su cosecha al señor feudal de turno, vivido en la miseria para que otro viviera en la abundancia, ido a una guerra que no era la suya, y tantas otras cosas que no tenían ningún sentido para ellas? Concluyes conmigo, entonces, que la amenaza del «eres un egoísta» ha sido, durante siglos, el arma para tenernos a todos quietecitos y sin quejarnos. Una etiqueta poderosa y muy intimidante.

Esta etiqueta es la que debes desvincular, hoy, del hecho de priorizarte. Y solo lo puedes hacer si le añades el elemento de la consciencia. La consciencia es vivir conectado con el presente sin permitir que tu modo automático, del cual hablaremos más adelante, te domine.

Cuando yo era pequeña, mis hermanos y yo estudiábamos en una escuela donde había varias fuentes de agua distribuidas por los distintos patios. De todas ellas, había una a la que todos llamábamos la «fuente buena» porque el agua provenía directamente de la montaña y tenía un sabor auténtico a agua. El resto de las fuentes estaban conectadas a la red de aguas de la ciudad, con un característico y fuerte sabor a cloro. Cuando sonaba el timbre para regresar a clase, se formaba una cola monumental en la «fuente buena». Priorizarse era entonces intentar que nadie se te colara y quejarte si alguien lo hacía. Egoísmo era colarte por la cara aprovechando que eras más fuerte que los demás en la cola. Y priorizarse desde la consciencia era permitir que bebiese antes que tú quien tenía uno de esos profesores que, si llegabas un minuto tarde a clase, te dejaba fuera y con nota a los padres.

¿Te das cuenta de la diferencia entre los tres conceptos? La consciencia te permite entender que, a pesar de que es necesario que te atiendas, habrá veces en que los otros y sus necesidades irán antes que tú.

Otro ejemplo de aplicar consciencia es cuando, una vez que tú ya has aprendido a priorizarte, quieras cuidar a alguien porque te apetece, porque lo necesita, aunque cuidarlo implique que tus necesidades pasen a un segundo plano. Toma nota del «cuando ya has aprendido a priorizarte», porque entonces no lo haces por necesidad, es decir, por gustar, agradar, por el miedo a enfrentamientos…, sino por voluntad. Y esta diferencia es el punto que indica que tu crecimiento personal ya se está produciendo.

APRENDES CUANDO CONECTAS CON LAS HISTORIAS

Ahora que ha quedado claro el porqué de esta etiqueta de «egoísta» de la que todos huimos como de la peste, hay un hecho que pienso que debemos poner en valor: aprendemos cuando conectamos con historias, con las vidas de los demás.

Desde tiempos inmemoriales, los únicos textos escritos que permanecían inalterables eran los textos sagrados. Deduces bien: el resto de los conocimientos se hallaban en libros o documentos que no eran accesibles al común de los mortales, como los más de setecientos mil de la Biblioteca de Alejandría. Y no eran accesibles, simplemente, porque el común de los mortales no tenía ni idea de qué era un libro, y tampoco lo necesitaba, porque no sabía leer. Y si hubiesen sabido leer, se habrían llevado un disgusto inmenso con la desaparición de la gran Biblioteca en el siglo III.

Como te decía, las culturas han sido orales hasta hace relativamente poco, y todavía existen muchísimas culturas orales en el mundo. Si no lo has visto, te recomiendo el documental *Sin mapa*, protagonizado por el exvocalista y letrista del grupo Calle 13, donde se reivindican las culturas latinoamericanas orales. Te permitirá darte cuenta de cómo la humanidad ha transmitido tradicionalmente los conocimientos por vía oral. Y es que nos confundimos pensando que, como vivimos hoy, hemos vivido siempre.

Hasta décadas recientes, si tu familia te decía que no querer casarte era ser «egoísta», como tú no tenías a la red social de turno, con la psicóloga de turno, explicándote por 187.ª vez que pensar en ti es bueno para tu salud mental y que debes conectar con lo que sientes y respetarte, pues te lo creías, obedecías…. y te casabas. Fin de la historia. Perdón, no. La historia continuaba, porque esa madre herida transmitía lo recibido a sus propios hijos. Y así hasta hoy. Menuda fuerza todo lo transmitido generación tras generación.

Y ¿por qué tienen tanta fuerza las historias que nos contamos? ¿Podemos poner esta fuerza a nuestro servicio? Pues claro. Pero entendamos, primero, los mecanismos que se activan.

Cuando conectamos con las historias, se activan partes de nuestro cerebro esenciales para que podamos poner foco, retener y aprender. Pero también se activa la empatía, el sentir al otro, en este caso, al protagonista de la historia. Con la empatía, las emociones toman protagonismo: ¡nos sentimos tristes, compasivos, enfadados…, nos damos cuenta!

En temas de memoria, está demostrado que el recurso número uno para aprender algo es... ¡contarlo, explicarlo! Si tienes un examen complicado, di que sí a tu amigo pesado que no ha estudiado y que te pide que, por favor, por favor, le hagas un resumen de lo que entra. Te reirás porque seguro que te ha pasado y has pensado: «¡Sí, hombre, voy yo a perder tiempo con él!». Pues sí, *pierde* tiempo, porque en realidad lo *ganarás*. Estarás reforzando tu memoria de forma drástica, y, además, tu amigo estará beneficiándose de lo que sabemos, que es el recurso número dos para aprender: que nos expliquen las cosas de forma narrativa.

¿Por qué sucede esto? ¡Pues porque el cerebro humano no está pensado para que existan los libros! Está pensando para que nos contemos las cosas. Pero, como viene siendo habitual, los avances tecnológicos van mucho más rápido que la evolución del cerebro. Este cerebro que aprende mediante los cuentos, las fábulas, las historias tiene su máxima expresión en el libro más leído y vendido de la historia: la Biblia.

La Biblia tiene el mérito de conseguir que te identifiques, de inmediato, con el personaje de la historia. En una TED Talk que hice sobre «Cómo reinventarse», escogí a Daniel, un personaje bíblico, para contar cuáles eran las herramientas indispensables para vencer los miedos cuando iniciamos un proceso de reinvención, pues es un momento en el que dominan las dudas. Las dudas, efectivamente, se alimentan de los miedos.

Daniel fue un profeta bíblico que vivió en el siglo VII a. C. y cuya sabiduría le valió para convertirse en consejero del rey de Babilonia, pero, como siempre pasaba en esas épocas, un buen día cayó en desgracia y acabaron lanzándolo al foso de los leones hambrientos. Pero resulta que era tanta su seguridad que los leones no lo devoraron, sino que lo protegieron. A partir de esta historia, le conté al público que me estaba escuchando qué tenemos que hacer para vencer nuestros miedos: cuáles son «los leones personales que necesitamos domar» para llevar a cabo nuestra reinvención.

Estoy segura de que, ahora mismo, estás pensando en Daniel, en los leones, en lo brutos que eran en esas épocas y en cómo Daniel se las ingenió para que no se lo comieran... ¿Te das cuenta? La historia te ha atrapado. Estás prestando atención porque sufres al imaginar a Daniel castigado con ser devorado por los leones. Te horrorizas al imaginarte a ti en medio de esas fieras. Y te alegras de saber que, al final, no se lo comieron. Se han activado tu preocupación, tu miedo, tu esperanza, tu alegría. Con todas las emociones activadas gracias a la empatía, tu cerebro está trabajando a muchos niveles distintos. El mérito de las historias es que consiguen despertar tu curiosidad. Esta coloca tu atención en modo *on*, lo que a su vez permite activar la empatía para que, finalmente, aparezcan las emociones. Todo son funciones de tu cerebro que se van encadenando.

A mí me encanta salir a remar y lo hago durante todo el año, en el Mediterráneo, que es un mar amable. La barca que usamos está pensada para ocho remeros y un timonel que va de pie. La barca puede salir si hay un mínimo de seis personas y el timonel. Con solo cuatro, haríamos un paseíllo; con seis, ya podemos remar en serio, pero terminamos muy cansados; con ocho, la barca va a tope y disfrutas de la experiencia. Pues con el cerebro pasa lo mismo: a más funciones activadas, a más remeros, más fluye la navegación. Y este es el mérito de contar historias, que convierte tu cerebro en una barca con ocho remeros y un timonel que dan lo mejor de sí.

Si cuando me lees o escuchas, consigo captar tu atención y que empatices, entonces lograré que surja la emoción. Si no hay empatía, no sentirás emoción y te costará mucho más que lo que yo te cuente te llegue. Lo olvidarás. No te llegará el sentido del mensaje y te quedarás con la simple anécdota. Te costará *darte cuenta*.

Este libro está lleno de pequeñas historias, la primera, la mía, con la que he empezado el libro, para que lo que leas lo hagas tuyo.

EL «¡AJÁ!»

Una vez comprendido este circuito, estás listo para entrar en el «darte cuenta», algo que no podías hacer si no entendías primero que debías *priorizarte*. Y, a su vez, no podías entrar en el priorizarte si no lo desvinculabas del tan arraigado *egoísmo*.

Cuando hablo de «darte cuenta», hablo del «¡ajá!», del primer paso, del paso que permite iniciar el cambio ya que, sin él, no hay cambio. Si a mi coche le falla el embrague, voy al mecánico y le digo que me falla el embrague. Consecuentemente, el mecánico me cambiará el embrague, no el retrovisor derecho, ¿verdad? Yo he detectado el problema, he comunicado el problema, me han resuelto el problema. Pero ¿te imaginas llegar al mecánico y decirle que el coche no funciona sin más? El pobre mecánico se estaría una semana probando el coche para ver qué le pasa. Incluso podría pasar que me arreglara el aire acondicionado y, a la semana, me quedara tirada en la autopista por culpa del embrague...

Todavía peor. ¿Te imaginas que me falla algo del coche y no trato de averiguar qué es, no le presto atención, no le dedico cinco minutos a pensar qué está pasando? En estos dos casos, se estaría produciendo un «no me doy cuenta» o, como decía, peor todavía, un «no me da la gana darme cuenta». Ni en un caso ni en el otro estoy permitiendo poner soluciones. Estoy, literalmente, bloqueando el proceso de solución.

A pesar de todo, darte cuenta no asegura ningún resultado.
Todavía quedan muchos pasos que llevar a cabo.

Continuemos con mi coche que no funciona. Yo me he dado cuenta de que me falla el embrague, y así se lo he comunicado al mecánico, que se ha puesto manos a la obra. ¿Quiere eso decir que en tres horas tendré el coche listo? Pues depende. Depende del trabajo del mecánico, de cuántos clientes haya antes que yo, de su pericia, de si tiene al personal de vacaciones, de si tiene la pieza de repuesto o la tiene que pedir... Incluso puede llegar a pasar que cambie el embrague y se percate de que el problema es más grave, que falla también el cambio de marchas, y me pida que, en vez de tres horas, le deje el coche una semana entera.

Tu proceso de crecimiento personal funciona de la misma forma. Tú puedes darte cuenta de cuál es tu problema, de dónde se origina, de por qué te cuesta tanto ponerle solución. ¡Bien! Has abierto la posibilidad al cambio. Pero el cambio todavía no se ha producido. Ahora está en tus manos decidir que sí, que quieres iniciar el proceso del cambio. «¿Cómo?», me preguntarás.

TUS HERRAMIENTAS PARA EL CAMBIO

Cuando te preguntas cómo hacer algo, estás preguntándote de qué herramientas dispones. Y te las voy a dar.

EL CÓRTEX PREFRONTAL (CPF)

Resulta que, para usar estas herramientas, necesitarás otra que tú ya llevas de serie de nacimiento: el CPF, la zona más moderna del cerebro y la que nos hace humanos. Es la que nos permite el pensamiento abstracto y, como consecuencia de este, el desarrollo de la cultura humana. El CPF y el cuerpo que has despertado conforman el «combo mágico» que te permitirá exprimir al máximo todo lo que vas a aprender. Cuerpo y mente a tu servicio.

El CPF se encuentra en el lóbulo frontal del cerebro humano. Según los estudios de Kolk y Rakik de 2022, ocupa un 30 por ciento de la superficie total del cerebro y es un área conectada con muchas otras estructuras cerebrales. Estas amplias conexiones provocan que el CPF humano sea mucho más potente que el del resto de los animales y, para que esto suceda, su maduración no finaliza, como ya te he mencionado en el primer capítulo, hasta los veinticinco años, aproximadamente. ¡Cuántos años para acabar de madurar! Por eso los niños, los adolescentes y los jóvenes tienen dificultades a la hora de gestionar ciertas habilidades que dependen de esta zona del cerebro. Las conexiones que precisa el CPF para funcionar de forma óptima son muy complejas.

¿De qué se ocupa el CPF?

En esta parte del cerebro humano están localizadas las funciones ejecutivas, que son las que modulan los procesos cognitivos, el cómo procesamos la información y qué hacemos con ella. Estas funciones incluyen:

- **El control inhibitorio**, que te permite controlar impulsos o respuestas automáticas para conseguir algo que consideras que te beneficia más.
- **La memoria de trabajo**, que consigue mantener y gestionar información limitada procedente de vías visuales, espaciales, sonoras, auditivas, verbales, durante un tiempo breve, y que trabaja conectada con la memoria a largo plazo, para que puedas recuperar datos importantes y almacenar otros nuevos. Además, se ocupa también del foco atencional, tu capa-

cidad de poner atención en aquello que es más relevante para ti.

- **La flexibilidad cognitiva**, que te da la cintura necesaria para que sepas adaptar tus respuestas a cada entorno, cambiar de tarea o de representación mental.

Estas tres funciones son imprescindibles a la hora de establecer objetivos, planificar las acciones necesarias para conseguirlos y llevar a cabo estas acciones. Que puedas realizar tareas complejas es la misión de las funciones ejecutivas.

Otra función crucial del CPF es la autorregulación conductual y emocional. Esta función se desarrolla porque el CPF se conecta con la amígdala, que es la estructura cerebral que, junto con el hipocampo y el hipotálamo, forma parte del sistema límbico, el llamado sistema emocional del cerebro.

Así, el CPF se ocupa de aspectos tan importantes para tu desarrollo como:

- La planificación
- El razonamiento
- La resolución de problemas
- La atención
- Las conductas sociales
- La motivación y recompensa
- La inhibición de automatismos
- La capacidad de pensar sobre nuestros procesos mentales

¿Te das cuenta de lo que te mencionaba sobre las dificultades infantiles y adolescentes? Se meten en problemas por no pensar las cosas dos veces, estudian a última hora porque no pueden prever que, si suspenden, se tendrán que pasar el verano estudiando o no estudian porque prefieren la recompensa inmediata de los videojuegos o las redes. Tantas cosas por las que todos hemos pasado...

El correcto funcionamiento del CPF es vital para que puedas vivir de forma acorde a lo que se espera de un ser humano. Por eso decimos que es el área cerebral que nos hace humanos. La ciencia, en su afán por ir descubriendo cómo funciona un órgano tan complejo como el cerebro, empezó adquiriendo conocimientos a partir de los casos clínicos de personas afectadas por lesiones cerebrales. El estudio del cerebro presenta muchísimas dificultades porque tiene implicaciones éticas muy importantes: no es fácil acceder a un cerebro, y menos durante la vida de la persona. Una manera de conocer de qué se ocupaba cada área cerebral era detectar qué funciones dejaban de hacer las personas afectadas.

El caso más célebre fue el de Phineas Gage, a quien una barra de hierro le atravesó el cráneo, desde la mejilla hasta la parte superior de la cabeza, sin comprometer su supervivencia, pero sí afectando a su lóbulo frontal, concretamente, una parte llamada córtex orbitofrontal. Lo que pasó fue vital para conocer mejor el funcionamiento de nuestro cerebro: Gage cambió de personalidad, dejó de ser una persona responsable y se convirtió en alguien con una nula capacidad de planificación y de organización, e impulsivo, con respuestas emocionales muy poco saludables ante las cuales no mostraba capacidad de autocrítica ni remordimientos. Todos estos cambios le afectaron en sus relaciones sociales, en su trabajo y en su vida. Había cambiado, tal como su conducta y su personalidad reflejaban, y todo debido a su lesión en el córtex orbitofrontal.

¿Se puede entrenar el CPF?

Con todos los conocimientos que nos dio el caso de Gage y otros similares, y partiendo del hecho de que el cerebro es plástico, viene la pregunta que me interesa contestarte con este libro: ¿podría el entrenamiento en las funciones ejecutivas producir cambios positivos en tu forma de vivir? Pues parece ser que sí.

Un estudio de 2018 de varios autores, publicado en la revista *Psychiatry Research: Neuroimaging*, considera el *mindfulness* como una herramienta que mejora el estado emocional. El estudio comparaba un grupo de meditadores expertos con un grupo control, y los resultados mostraron que los expertos tenían más activación en el hemisferio izquierdo en reposo y más activación en el hemisferio derecho durante la meditación que las personas del grupo control. Además, durante la meditación, la activación del córtex auditivo superior, que se ocupa de los sonidos que captan nuestros oídos, disminuía en los meditadores expertos, mientras que aumentaba en las personas del grupo control. Otro dato importante es que, independientemente de la meditación, los expertos tenían más activadas las áreas de Brodmann 39, 40, 44 y 45. Las dos primeras áreas se ocupan de que podamos entender las palabras, articular nuestro discurso para que sea coherente y verbalizar nuestras ideas, y las otras dos nos permiten hablar, entender lo que nos dicen, leer y escribir. El hecho de que las personas expertas en meditar tuvieran estas áreas permanentemente más activadas que la población del grupo control puede indicar que meditar tiene efectos a largo plazo en el cerebro, como el incremento de la empatía, las habilidades metacognitivas y la salud en general. Es decir, la meditación aumenta la conectividad de las diferentes funciones cerebrales, haciéndonos más capaces en actividades como la atención, el control de la atención y la memoria, pero también mejorando las habilidades emocionales. Todo este control cognitivo depende de la activación del córtex prefrontal.

Los estudios, cada vez más precisos y capaces de captar detalles del cerebro que antes eran imposibles de calibrar, van validando técnicas como la meditación para la gestión emocional. Es muy cierto que la memoria o la atención no son variables psicológicas como tales, pero también es muy cierto que vivir más conectado con tu presente, poder prestar atención de forma voluntaria a lo que te hace crecer o no prestar atención a lo que te puede hacer daño te hace la vida más feliz. No hay nada en el cerebro que no tenga impacto en nuestras emociones.

En el segundo capítulo, «Escuchar tu cuerpo», has aprendido que herramientas como el *mindfulness* y la respiración te ayudan a observarte de forma consciente. Ahora hablaremos de todo lo que te ayuda a alcanzar tu mejor versión sin que seas consciente de ello, lo que ocurre de forma automática, tal como diversos estudios están demostrando. Por tanto, es un *win-win*.

La autoobservación consciente es la que te permite escuchar tus necesidades y deseos. Con este regalo que te ofrece la quietud y la paz de la meditación y la cadencia tranquila de la respiración, poco a poco, surgirá en ti la necesidad de priorizarte. Si todo está en orden, quien siente hambre come y quien siente sed bebe. Estos mecanismos son de los más básicos, pero parten del priorizarse en tanto que te estás escuchando sin juicios. Como hacen los niños. Sin filtros mentales. Son los filtros mentales los que pueden llevarte a no comer, a pesar de tener hambre.

> Vivir significa atender las sensaciones corporales
> y las emociones que, sí o sí, van surgiendo.
> Todos las tenemos a diario.

LAS EMOCIONES

¡Y con las emociones hemos topado!

En 1972, el psicólogo Paul Ekman estableció **seis emociones básicas: alegría, tristeza, asco, miedo, sorpresa e ira, que son comunes al ser humano, sea cual sea la cultura en la que viva.** En su libro *El rostro de las emociones* explica cómo las personas expresamos las emociones. Por un lado, con microexpresiones que duran apenas un instante. Por el otro, con las expresiones faciales que tienen la misma base y los mismos gestos, pero se mantienen más tiempo en nuestra cara. Piensa que los bebés, con tres-cuatro meses, ya son capaces de discriminar expresiones emocionales de enfado/alegría/sorpresa.

Seguro que te reconocerás en lo que, en su momento, estableció Ekman sobre la expresión de las seis emociones básicas:

1. **Alegría:** aparecen las arrugas al lado de los ojos, las mejillas se elevan y los músculos de la cara se mueven provocando que los ojos estén más cerrados.
2. **Tristeza:** párpados superiores caídos, boca hacia abajo, la mirada no tiene fuerza.
3. **Asco:** nariz apretada y labio superior elevado.
4. **Miedo:** cejas elevadas y juntas, párpados superiores elevados al máximo, los inferiores tensados, labios estirados horizontalmente hacia atrás.
5. **Sorpresa:** cejas elevadas, ojos y boca abiertos.
6. **Ira:** ceño fruncido, labios apretados y mirada penetrante.

Los estudios de Ekman son tan interesantes que hay un repositorio de caras con expresiones emocionales llamado Pictures of Facial Affect (POFA) para su uso en investigación que incluye ciento diez fotografías.

Pero ¿qué son las emociones? Según Hockenbury y Hockenbury (2007): «Una emoción es un estado psicológico complejo que implica tres componentes distintos: una experiencia subjetiva, una respuesta fisiológica y una respuesta conductual o expresiva».

Por un lado, las emociones son subjetivas, no las sentimos todos iguales. Te será muy fácil entenderlo si pensamos en cómo expresa alegría una niña de cinco años en su fiesta de cumpleaños o tu jefe en una reunión. La expresión varía dependiendo de cómo somos y, también, de las circunstancias por las que hemos pasado o en las que estamos.

Por otro son fisiológicas. Aquí podemos poner como ejemplos los tan comunes dolores de estómago, de cabeza o de cervicales, el ritmo acelerado del corazón, el sudor en las manos, el temblor... El cuerpo expresa lo que tú intentas racionalizar, y lo hace más rápidamente que tu cabeza y, muchas veces, muy a pesar tuyo. El sistema nervioso tiene un papel determinante, y te lo quiero remarcar, porque entonces entenderás la gran importancia de la práctica de la meditación y las respiraciones conscientes, que son los principales reguladores naturales de este sistema. Lo que busco es que entiendas los porqués, no que hagas las cosas porque te las digo yo o quien sea que lo diga. Para mí la comprensión es la gasolina del coche. Recuerda: por mucho coche que tengas, si no hay gasolina, se quedará en el garaje muerto de asco.

Por último, las emociones implican una respuesta en forma de conducta, la parte más observable. Aquí se encuentran los estudios sobre microexpresiones y expresiones faciales de Ekman, pero también las respuestas más complejas en forma de conducta que las personas activamos cuando nos inunda una emoción. Esto te lo explicaré en un capítulo aparte porque lo merece y porque entenderlo te puede llevar a una vida más libre. Casi nada, ¿no?

En esta respuesta conductual de las emociones se incluyen respuestas que son indispensables para sobrevivir, como correr si te persigue un león porque se activa el necesario miedo, o escupir un alimento en mal estado porque sientes un asco profundo. Pero también otras conductas no imprescindibles para la supervivencia como alejarte porque estás discutiendo con tu pareja y te sientes muy dolido o llorar de tanta alegría que te ha producido la fiesta sorpresa que te han preparado para tus cuarenta años.

La inteligencia emocional

Ahora ya sabes qué son las emociones, y no solo a nivel teórico, sino con ejemplos que, seguro, te habrán resonado. Pero como psicóloga me gustaría compartir contigo también que hay dos dificultades que se repiten en consulta: la primera es que a muchas personas les cuesta dar nombre a lo que sienten, no saben exactamente qué les sucede cuando no están bien, y la otra dificultad es el «qué hago yo con lo que siento».

Ante tales dificultades, es indispensable hablar de la inteligencia emocional, concepto muy de moda, al cual se está intentando dar espacio, especialmente en los entornos educativos. ¡Cuánta importancia tiene enseñar a conocer y gestionar las emociones a los niños, a los futuros adultos, que son los que un día regirán el mundo! Vivimos en sociedades que tienden a educarnos en la represión emocional. Estás leyendo esto y sé que adivinas que, muy a menudo, se equipara la expresión emocional con la debilidad. ¿Quién es el valiente que, ante una gran tristeza, queda con sus amigos y les cuenta lo que le pasa llorando? Pues, hoy por hoy, pocos. La sociedad te permite visibilizar solo la cara amable de la vida. Pero esto está empezando a cambiar, porque entre todos estamos empujando para que así sea. ¿La prueba? Que tú estás aquí leyéndome.

Así pues, la **inteligencia emocional, que no es más que ser inteligente en el terreno emocional, ser capaz de reconocer lo que sentimos, pero también lo que sienten los demás**, está cogiendo más protagonismo que nunca. El término lo usaron por primera vez los psicólogos americanos Peter Salovey y John Mayer en 1990, definiéndolo como la capacidad de reconocer las emociones propias y ajenas, de manejarlas y regularlas, y de dirigirlas a fin de mejorar el pensamiento y la conducta.

Ellos hablaban de cuatro habilidades básicas:

1. **Percepción emocional:** capacidad para percibir, evaluar y expresar las emociones propias y percibir las de los demás.
2. **Facilitación emocional del pensamiento:** capacidad para usar las emociones a fin de que nos sean útiles y no queden en nada.
3. **Comprensión de las emociones:** capacidad para entender emociones simples y complejas, darles significado, etiquetarlas.
4. **Regulación de las emociones:** capacidad para utilizar las emociones para crecer como personas, poder tomar distancia y aceptar las emociones negativas y la información que nos traen.

Fue Daniel Goleman quien, posteriormente, estudió más este concepto y estableció una definición que se acerca mucho a la original, ya que establece que es la capacidad de reconocer nuestras emociones y las ajenas, de gestionar lo que sentimos, de motivarnos para encaminar las emociones a la acción y de establecer relaciones sanas con los demás. En su conocido libro *Inteligencia emocional: por qué es más importante que el coeficiente intelectual*, Goleman afirma que la inteligencia emocional es lo que puede predecir el éxito en tu vida, ya que el coeficiente intelectual (CI) solo explicaría el 20 por ciento de tus logros. ¿No te parece una noticia genial? Si esto es así, quiere decir que podemos trabajar activamente para nuestra felicidad, no estamos condenados por algo de tipo genético.

Me adelanto porque intuyo que ahora te estás preguntando qué debes trabajar para potenciar tu inteligencia emocional. Pues Goleman fijó, a partir de las cuatro habilidades básicas de Mayer y Salovey, los cinco elementos que la componen: la autoconsciencia emocional, la autorregulación, la automotivación, la empatía y las habilidades sociales. Aquí los tienes, uno a uno, acompañados del caso de Juana y su hijo Manu, que es muy ilustrativo para entender cada uno de ellos.

1. **Autoconsciencia emocional:** ser consciente de lo que siento aquí y ahora, de reconocer mis emociones y de por qué las siento. Además, ser capaz de valorar que el «cómo me siento» tiene un impacto en las personas de mi entorno.

   Juana vive extremadamente preocupada por todo, padece de ansiedad desde hace unos años. Ella se da cuenta de su estado, pero dice no poder evitar vivir de esta forma. Manifiesta que, por ejemplo, si su hijo Manu, de veinticinco años, está de vacaciones y no tiene noticias de él, empieza a invadirla un estado de alteración física. Su cabeza no puede parar de visualizar todas las desgracias posibles, con lo cual se le acelera el corazón, nota un nudo en el estómago e incluso temblores. Dice que solo se puede calmar cuando él da señales de vida. A pesar de que Juana es consciente del problema que tiene y de cómo afecta a su hijo, no es capaz de controlarlo. Manu no sabe qué hacer con su madre y vive preocupado por su ansiedad, con un elevado sentido de responsabilidad hacia ella que no le corresponde y que le está condicionando la vida.

2. **Autorregulación:** es la capacidad de gestionar las emociones, a fin de conseguir lo que te propones, para lo cual es indispensable saber controlarte e inhibir los impulsos. Algo así como el clásico contar hasta diez antes de hacer algo.

   En el caso de Juana, esta herramienta la llevaría a pedir ayuda para aprender a gestionar su ansiedad y profundizar en los motivos que la han llevado a vivir con estos niveles de preocupación. La persona empoderada es la persona que, ante una problemática, sabe activar los recursos necesarios para hacerle frente. Juana, con herramientas, sería capaz de dejar de enviar treinta mensajes a su hijo o de evitar decirle diez veces antes de irse que tenga cuidado.

3. **Automotivación:** es la capacidad de usar tus emociones para conseguir tus objetivos y seguir adelante, con espíritu positivo y constructivo, cuando las condiciones no son fáciles. La automotivación te ayuda a ver el aprendizaje que seguro que hay detrás de cualquier error. Así, el miedo no nos paraliza ante las posibles dificultades.

    Juana ya ha pedido ayuda a una psicóloga y está trabajando con muchas ganas, pero llegan unas vacaciones y Manu se marcha cinco días a escalar con unos amigos al sur de Francia. Juana pierde completamente el control durante unas horas, hasta que consigue calmarse. En la siguiente sesión con su terapeuta, en vez de comentarle que no ha aprendido nada y que no lo conseguirá, le dice: «¡Lo conseguiré! Lo sé. Esta vez lo pasé mal cuatro horas en vez de los cinco días de vacaciones. He aprendido que cuando él se va, debo programar más actividades sociales porque sé que no me ayuda quedarme en casa». Voilà! *Esto es la automotivación, la fuerza interna que te ayuda a seguir.*

4. **Empatía:** es la capacidad de leer a los demás, de saber descifrar cómo se sienten, ya sea a través de su cara, sus gestos, su tono de voz o su mirada. La empatía, como habilidad, dota a la persona que la posee de un plus en las relaciones sociales porque sabe entender las necesidades de los otros. Es necesario no olvidarte de ti ni de tus propias necesidades cuando empatizas con otras personas porque, si lo haces, tú desapareces. Te conviertes en alguien altamente complaciente, siempre dispuesto a ayudar a los demás, aunque sea a tu costa. La empatía es útil siempre que no te olvides de ti.

Manu, el hijo de Juana, peca de una excesiva empatía. Sufre por su madre, como es normal, pero ha llegado a un punto en el que él también siente muchísimo malestar cada vez que tiene un plan. El trabajo de poner límites, con amor y desde el neutro —el estado en que las emociones no nos dominan—, es imprescindible en su caso. De lo contrario, se encontrará con los típicos enfados derivados de sentirse no respetado en sus líneas rojas. Más vale un día colorado que ciento amarillos.

5. **Habilidades sociales:** somos seres profundamente sociales. Aprender a conectar con los demás de forma saludable es media vida porque nos produce muchísimo bienestar. Contrariamente, cuando las relaciones sociales no fluyen o nos sentimos muy solos, el malestar es muy elevado y es origen de muchas problemáticas psicológicas que incluso somatizamos. La base de una buena relación es dominar la comunicación: la asertividad. Ser capaces de decir lo que pensamos, sin herir al otro, es esencial.

   Juana, con sus elevados problemas de ansiedad, se ha recluido y ha dejado de hacer actividades que le gustaban: ya no va a jugar a pádel con sus amigas; cuando su pareja le dice de cenar fuera, le dice que no, que es demasiado gasto... Esta actitud no ha hecho más que agravar el problema porque es consecuencia de la ansiedad, pero también causa, porque la alimenta. Volver a conectar con la vida, poco a poco, será una buena terapia para ella.

   En el caso de Manu, su incapacidad para comunicarle a su madre cómo se siente a causa de su ansiedad le provoca tristeza, rabia y ganas de huir. No se está respetando porque no ha aprendido a comunicar y, sin la comunicación, no podemos poner límites, que, al final, redundan en una relación mucho más sana. Manu, callando

y sufriendo, no está ayudando a su madre. Y cuando ter-
mina por enfadarse, ella recibe rechazo. Rechazo que ella
siente hacia sí misma, con lo cual se recluirá todavía más
y alimentará más la ansiedad. Solo si ponemos límites de
forma amorosa y firme, estamos ayudando a la otra
persona, a la vez que nos ayudamos a nosotros mismos.

Trabajar para promover tu inteligencia emocional es trabajar para ser más feliz. El ejemplo de esta madre y este hijo te puede servir para entender algo que para Goleman era indispensable. ¿Crees que Juana y Manu tienen un CI bajo? Pues no lo sabemos. Te lo pregunto de otra forma: ¿crees que su CI, alto o bajo, influye en cómo están gestionando su mundo emocional? La respuesta es no. En cambio, sí que verás claramente que la inteligencia emocional determina de forma contundente cómo pueden madre e hijo gestionar lo que les sucede. Esta es la importancia de la inteligencia emocional.

Con todos estos conocimientos sobre las emociones y su implicación en la vida diaria, ¿qué es lo que veo en consulta? ¿En qué se traduce tener una buena inteligencia emocional? Te lo describo, de un modo sencillo, como:

- No tener miedo de sentir emociones.
- Estar abierto a experimentarlas.
- Ser capaz de ponerles nombre.
- Saber reconocer las emociones en los demás.
- Tener la habilidad de lidiar con las emociones que surjan, propias y ajenas, agradables y desagradables.
- Poner el foco en establecer relaciones saludables.

Todo esto, en la práctica diaria, te hace una persona inteligente emocionalmente y con capacidad para tirar adelante ante cualquier situación. Cuando una persona llega a terapia con estas ganas o con estas habilidades, el proceso de crecimiento está asegurado. Podrá costarle, podrá equivocarse, pero tiene mucho afán de aprender y de aceptar el reto de vivir. Y eso es media terapia hecha.

La inteligencia emocional sirve para vivir en sociedad

Como hemos visto, la inteligencia emocional no solo tiene que ver con lo que pasa en tu mundo interno, sino también con lo que les sucede a los demás. Este elemento es básico y es sobre el que debes construir tu mejor versión. Recuerda que somos seres sociales y que los otros forman parte de nuestro mundo, siendo una fuente de alegrías y de tristezas. Una persona aislada es una persona infeliz. Un niño literalmente aislado es un niño que no aprenderá a hablar, por ejemplo. El habla es una habilidad social en el sentido de que el cerebro del niño necesita del otro para desarrollar ciertas funciones. El lenguaje se adquiere por imitación, muy cierto, pero también por el desarrollo del vínculo afectivo, del apego. Los estudios con niños abandonados o aislados, como el famoso niño de Aveyron de 1800, que fue encontrado en estado salvaje en una región de Francia muy poco poblada, demostraron que, si el lenguaje no se desarrolla en los períodos clave en los que el cerebro está más capacitado para ello, luego son muy limitadas las posibilidades de adquirirlo de forma correcta.

Necesitamos relacionarnos con los demás para que nuestro cerebro pueda adquirir capacidades y completar su desarrollo. Llevamos en nuestro ADN la necesidad de ser aceptados y cuidados. Si esto es así, entender y poder gestionar lo que ocurre a nuestro alrededor es una habilidad que nos convierte en seres muy valiosos y felices. No estamos a merced de «algo» externo sobre lo que no tenemos control, sino que entendemos que lo de afuera se divide entre lo que depende de nosotros y lo que no depende de nosotros. En lo que depende de ti y lo que no.

En ambos casos, ser inteligente emocionalmente te ayuda. En lo que depende de ti, obvio: puedes hacer algo con lo que está ocurriendo. Pero es que, en lo que no depende de ti, más de lo mismo: con las cosas de los demás poco puedes hacer, pero sí gestionar cómo te afectan. Para aprender a soltar y aceptar también necesitas inteligencia emocional.

Salovey, Mayer y Goleman, con sus estudios y llamándolo de otra forma, están hablando del proceso de «darte cuenta» —sobre lo que trata este capítulo— como paso para iniciar el cambio. Para «darte cuenta» necesitas inteligencia emocional.

EJERCICIO 3. LA RUEDA DE LAS EMOCIONES

Saber reconocer las emociones es vital para las personas y, con el fin de ayudar a mis pacientes, en la consulta trabajo con una herramienta muy sencilla y útil: la rueda de las emociones y sentimientos. Basada en el modelo original que ideó Robert Plutchick para mostrar la interrelación de las emociones humanas, fue Gloria Willcox quien le dio la forma actual, añadiendo los sentimientos para darle más matices. Otros terapeutas de distintos ámbitos han diseñado su propia rueda, con variaciones según cuáles creían que eran las emociones importantes y sus derivadas. Aquí tienes la mía, basada en las seis emociones básicas que estableció el psicólogo Paul Ekman: alegría, tristeza, miedo, sorpresa, disgusto e ira, más el desprecio, emoción que añadió años más tarde, y que aquí ya incluimos.

Esta herramienta me encanta porque es muy intuitiva y su funcionamiento es muy sencillo. Te pongo un ejemplo para que puedas ver con claridad dónde está el don de este recurso: te dirige a la mejor acción posible a partir de lo que estás sintiendo. Por tanto, está cumpliendo lo que los másteres de la inteligencia emocional establecen: que el conocimiento de tus emociones te permite dirigir de forma adecuada tu pensamiento y tu conducta. A continuación, lee atentamente, y vamos con ello.

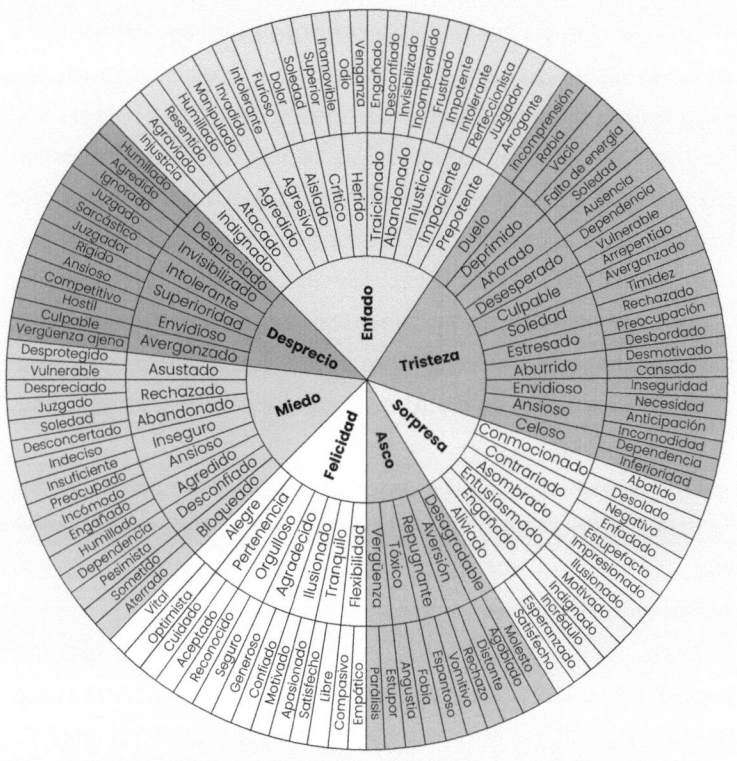

Justo aquí arriba tienes la imagen de la rueda de las emociones. Como ves, está compuesta por tres círculos concéntricos. En el más pequeño se encuentran las siete emociones básicas de Ekman (enfado, asco, tristeza, felicidad, sorpresa, miedo y desprecio). En este círculo se inicia el ejercicio. Hay un segundo círculo, más amplio, y un tercero, que es el mayor.

Ahora imagina que, como algunos de mis pacientes en terapia, me dices que has pasado un fin de semana muy triste. A menudo, cuando pregunto el porqué de esa tristeza, muchos no saben especificar exactamente el motivo. «Bueno, no sé, ya sabes, últimamente no estoy animada...» es una respuesta bastante común. Es entonces cuando les pido que cojan la rueda de las emociones.

Pues bien, ahora tú eres mi paciente y has pasado un fin de semana triste. Busca, por favor, la emoción primaria de la tristeza en el círculo más pequeño. Y te pregunto: «Del segundo círculo concéntrico, donde tienes once opciones, ¿qué sentimiento es el que explicaría más tu tristeza?». Como opciones tienes: duelo, deprimido, añorado, desesperado, culpable, soledad, estresado, aburrido, envidioso, ansioso y celoso. Tú me contestas: «Aburrido».

Entonces te vuelvo a preguntar: «Del tercer círculo concéntrico, donde tienes dos opciones que derivan de "Aburrido", ¿qué sentimiento es el que explicaría más tu aburrimiento: desmotivado o cansado?».

Al desmotivado le falta energía mental para iniciar y mantener algo que sí puede querer hacer. Al cansado, nada le llama la atención especialmente, pero más por falta de energía física.

Lo primero que me has contestado es que tu tristeza se parecía al aburrimiento. Ya tenemos una posible solución: el martes ya tienes que empezar a planear lo que harás el próximo fin de semana porque acabas de descubrir que el aburrimiento te provoca una sensación de tristeza que inunda tus días de descanso y que, muy probablemente, está influyendo en tu estado de ánimo general.

Si además de concluir que tu tristeza se debe al aburrimiento, también te reconoces como desmotivado, entonces hay que trabajar las habilidades para mantener lo que te gusta (la persona que deja la piscina a la segunda semana, quien no consigue meditar tres días seguidos dos minutos...). Si se tratara de cansancio, además de revisar tu estilo de vida, puedes indagar en tus pasiones (¿Qué te gustaba de niño?, ¿Con qué se te pasaba el tiempo volando?...) para conectar con tu energía vital.

¿Te das cuenta de lo valiosa que es la información que sacas de la rueda? Detallar tu tristeza te enfoca a una acción concreta. Te permite moverte de lo más general a lo más concreto. Lo bajas a tierra, que digo yo, «lo aterrizas». Y solo desde la tierra, puedes actuar.

Me viene a la cabeza una paciente, una médica, que en plena pandemia me decía: «Yo solo quiero ser feliz y no lo consigo». Mi respuesta era: «Ser feliz... ¿Cómo conseguir algo tan general? ¿Me puedes decir qué te hace feliz?». Y su respuesta: «Estar tranquila». A lo que yo le replicaba: «¿Y qué te hace estar tranquila?». Descubrimos que lo que más añoraba eran sus clases de yoga, para las que no tenía tiempo, y sus salidas familiares a la montaña, que no podía hacer por las restricciones de movilidad.

Pues bien, «aterrizar» su problema consistió en hacer yoga veinte minutos por la mañana antes de empezar el día y ponerlo en su agenda como prioritario, y también en entender que lo que echaba en falta de las salidas familiares era el contacto con la naturaleza, a la que había que renunciar temporalmente, pero también estar con su familia y hacer ejercicio físico. Se dio cuenta de que, en efecto, tampoco estaba teniendo tiempo para sus hijos, por lo que acordamos que debía compartir actividades con ellos y, también, hacer ejercicio, por lo que decidió salir a correr dos días a la semana. En tres semanas ella misma decía que era otra. Darse cuenta de que no concretaba su sensación de infelicidad le dio la capacidad de enfocarse en acciones específicas y en hacer pequeños cambios que sí la ayudaron. Mientras se mantenía en la inconcreción nada cambiaba. En esos estados, las emociones que surgen permanecen porque las hacemos permanecer. Se convierten en estados de ánimo, que no son más que la emoción sostenida en el tiempo.

LA TRÍADA MÁGICA: EL TRIADÓN

El ejemplo de esta paciente, cuyo problema era saber concretar sus dificultades y sus objetivos, algo que les ocurre a muchas personas, me permite introducir otra nueva herramienta que sirve para poner foco y que podrás empezar a practicarla en cuanto la aprendas.

Se trata de lo que yo llamo «el triadón», la tríada mágica formada por tres elementos que ya conoces:

emoción-información-acción

Ser consciente de lo que te sucede, de lo que sientes, de lo que vives solo tiene sentido si cierras el círculo con cada uno de estos tres elementos.

Primero aprendes a observar la **emoción** o las **emociones** que surgen. Para ello, ahora ya tienes las herramientas que hemos compartido. Después debes saltar al segundo paso: darte cuenta de la **información** que la emoción te trae. Si no haces el trabajo de indagar por qué estás sintiendo esa rabia, esa vergüenza, esa culpa, la emoción ha llegado en vano y, simplemente, la soportas, porque es molesta o dolorosa. Debes saber que sin la información no es posible orientarse al tercer elemento del triadón: la **acción**. Darte cuenta de los dos pasos anteriores es abrir la puerta para saber qué acción es la más apropiada. Solo la acción cierra la tríada. **Porque solamente haciendo cosas estás escribiendo tu vida**. Esta no se escribe con tus pensamientos, porque los demás los podemos intuir, pero no los vemos. La vida se escribe con tus acciones, que son lo único que veríamos los demás de ti si te estuviésemos observando desde una pantalla.

Existen diversas orientaciones en psicología. Algunas son más introspectivas y otras están más orientadas al intercambio de opiniones con el terapeuta. Para mí, orientarse hacia la acción es la clave. Que comprendas es lo que posibilita el cambio, porque sin comprensión las cosas las haces porque sí, porque alguien te lo ha dicho…, pero ¿y si ese alguien un día cambia de opinión? Está bien hacer lo que una persona en la que tú has depositado tu confianza te ha recomendado, siempre y cuando su recomendación haya pasado por el filtro de tu análisis y comprensión. Entonces, y solo entonces, y te lo repetiré muchas veces a lo largo del libro, tus acciones cobran una fuerza imparable. Pasan a formar parte de tus nuevas creencias y, con ellas, de tu nueva identidad. Imbatible.

Ahora, cuando te topes con una emoción que te incomoda, aplica el triadón:

- ¿Qué emoción estoy sintiendo? **Emoción**.
- ¿Qué provoca que la sienta?, ¿qué estoy viviendo? **Información**.
- ¿Qué pequeña acción puedo hacer para empezar a resolver lo que he averiguado que me pasa? **Acción**.

Y recuerda: solo la acción cierra el círculo. Solo la acción.

Entonces, ¿por qué nos cuesta tanto llegar a la acción? ¿Por qué del triadón muchos se quedan en el paso 1, el de la emoción, o en el 2, el de la información, pero no se lanzan a dar sentido a lo que sienten con el paso 3, el de la acción?

La respuesta es simple: la acción es algo tangible (que tú puedes «tocar») y visible (que lo ves tú y lo ven los demás). Mientras te has ido moviendo en el mundo de las emociones y los pensamientos, todo quedaba para ti; podía ser perfectamente que fueras el rey del disimulo y que nadie pudiera saber qué pasaba por tu cabeza o tu corazón. Pero las acciones…, ¡ay, las acciones! Nos delatan radicalmente. Vuelve a surgir con fuerza la necesidad de sentirnos aceptados por los otros. Ante esa necesidad, la posibilidad del rechazo es inaceptable, así que hacemos todo lo que esté en nuestra mano para que no se produzca: se inicia el autoboicot en forma de bloqueo, porque entramos en el dilema de «Debería hacer X porque sé que me conviene», versus «Debería hacer X porque sé que me conviene, pero si fallo, qué vergüenza / no me querrán / me excluirán». Entre lo que sé que debo hacer y el no hacerlo, hay «algo», y ese «algo» se llama miedo al rechazo.

«No existe nada bueno ni malo,
es el pensamiento humano el que
lo hace aparecer así».

WILLIAM SHAKESPEARE,
Hamlet

CAPÍTULO 4

ATHOS, PORTHOS, ARAMIS... Y D'ARTAGNAN PONIENDO ORDEN

Hace un momento te decía que lo que te retrata delante de los demás y de ti mismo son tus acciones. De hecho, ¿qué responderías ante esta pregunta?: ¿qué pesa más, lo que dices o lo que haces? Pues, efectivamente, lo que haces.

Yo ya podía decirles a mis tres hijas cuando eran pequeñas: «Comer fruta es muy saludable», porque como titular es estupendo, pero si mamá, yo, no comía fruta nunca, ¿qué aprendían ellas? Que comer fruta quizá era saludable, pero no apetecible. Esta conclusión fue la que pudieron haber integrado. Si mi objetivo como madre era que comieran fruta, lo estaba haciendo mal porque les enseñaba, día a día, con mi ejemplo, que a mí no me apetecía comerla. ¡Pero el chocolate sí que veían que me lo comía! Ya sabes que lo que hacen papá y mamá, en tempranas edades, es equivalente a lo que hace Dios. Los niños son máquinas de imitar, recuérdalo.

Así pues, tus acciones son lo que acabará construyendo tu biografía. De mí explicarán, cuando ya no esté, todo lo que hice. No lo que pensé, no lo que sentí. Solo lo que hice.

Las personas somos grandes juzgadores de la vida de los demás. Cuando escuchas a alguien cercano hablar de la vecina, de su tío, de la jefa que tiene o del señor repartidor que ha llamado al timbre de su casa, te dice algo así como: «Y entonces dijo», «Parece increíble, pero dio un portazo y se fue», «Ha suspendido tres asignaturas», «Se ha divorciado». Todo acciones. No decimos

«Piensa muy a menudo que el tren va demasiado lleno por las mañanas». Y no lo decimos porque no sabemos lo que los demás piensan. En todo caso podríamos decir que «Se queja (otra vez acción) porque el tren va demasiado lleno por las mañanas». Los pensamientos, las sensaciones y las emociones pertenecen a nuestro mundo interno, un mundo al cual los otros no tienen acceso. Yo puedo imaginar lo que estás pensando o lo que estás sintiendo, pero saberlo, a ciencia cierta, no puedo.

No obstante, aparte de juzgar, ¿qué otra gran afición tenemos las personas? ¡Pues adivinar los pensamientos como si fuésemos magos de la categoría de Copperfield! Esta tendencia humana tiene sus motivos. La evolución nos ha regalado un cerebro prodigioso, con un área, el córtex prefrontal, que nos permite pensar sobre lo que pensamos. Podemos observarnos mientras estamos teniendo pensamientos. Esta habilidad es la que hace que algunas personas duden de todo, hasta el punto de que, cuando llegan a una conclusión, empiezan a dudar de la conclusión a la que han llegado. Es decir, la metacognición, la capacidad de pensar sobre nuestros pensamientos, nos da una habilidad brutal que puede convertirse en un auténtico calvario, y no solo por las dudas que nos surgen sobre nuestros propios pensamientos, sino también porque nos conduce a tratar de adivinar, de forma automática, qué estarán pensando los otros. Parece que la intención que hay detrás de adjudicar un pensamiento a otra persona es obtener seguridad. Pero, además, sin darnos cuenta, estamos intentando confirmar nuestras creencias. Estamos intentando tener razón.

Todavía recuerdo a una paciente, cantante, que me contó que se había presentado a una audición con dos canciones preparadas, pero que al llegar vio que, junto a las personas que llevaban el proceso de selección, había un director con quien ella no se llevaba bien desde hacía tiempo. «Me hundí —me dijo—. Pensé que les estaría diciendo que yo no servía para el papel». Cuando el director se retiró y se quedaron en la mesa los dos responsables de la audición, ella se preparó para cantar, pero su cabeza no paraba: «Seguro que están pensando: "¿Qué hace esta aquí?", después de todo lo que les ha metido en la cabeza el otro... Me van a descartar de entrada, no vale la pena ni que cante». Pero cantó. Y la seleccionaron. Los pensamientos que había atribuido a los responsables del proceso de selección procedían de sus miedos y vivencias previas, no de la realidad.

«Debe ser que nuestro cerebro todavía es un prototipo que perfeccionar por la evolución», les digo a mis pacientes para reducir la presión que sienten por la veracidad que otorgan a sus pensamientos. El cerebro es increíble, pero no perfecto. Es más, como le quedó claro a mi paciente, es el usuario quien puede sacar más o menos partido de cualquier herramienta, y nuestro cerebro es una herramienta más. ¿Recuerdas el ejemplo del coche? Yo puedo conducir un Porsche, pero nunca lo conduciré de la misma forma que Carlos Sainz. No es el coche, es la pericia y la preparación. Nuestra cabeza es ese Porsche, así que vamos a esmerarnos para aprovechar al máximo el don de pensar.

LAS COSAS NO SON «ASÍ»

Siempre me ha fascinado esta frase que seguro que conoces: «No son las cosas en sí mismas las que nos perturban, sino la opinión que tenemos de esas cosas». La dijo Epicteto en el siglo I en el *Enquiridión*.

La frase me fascina porque nos permite salir del determinismo de «esto es *así*». No, las cosas no «son *así*», las cosas son en función del significado que yo les doy. Como dice hoy en día la física cuántica, no hay una sola realidad, sino tantas realidades como observadores. Hemos hecho un salto de nada menos que veinte siglos, y filósofos y físicos cuánticos constatan lo mismo: la realidad es subjetiva.

El famoso consejo de «Vete a dormir y consúltalo con la almohada» es una forma de darte tiempo para cambiar la manera de ver las cosas. La sabiduría popular sabe que el tiempo y el descanso cambian mágicamente la realidad, porque las condiciones con las que observas lo que te pasa cambian.

Cuando mis hijas están de exámenes y uno de ellos es el de la típica asignatura que suspende un alto porcentaje de la clase, ellas prevén, al momento, que su prueba será un desastre. Mi consejo siempre es que relativicen. Relativizar es la pócima mágica con la que te conviertes en más poderoso, como les pasa a Astérix y Obélix en sus historias: beben la pócima del druida y son invencibles, porque adquieren una fuerza sobrehumana que todo lo puede. Relativizar te da ese poder. Te proporciona distancia (como ocurre cuando consultas con la almohada). Les digo: «¿Os acordaréis de este examen dentro de cinco años? ¿Y cuándo tengáis treinta años?». Si la respuesta es no, ese examen no es tan importante. Sí es cierto que pueden suspenderlo, pero no es tan importante en sus vidas. Es engorroso, es una preocupación más, pero no es determinante. Cuando pones distancia temporal a la realidad, la realidad cambia. Signo inequívoco de que no es *la* realidad, sino *tu* realidad.

Cuando estudias psicología, vas aprendiendo que no hay una sola forma de practicar la psicología, sino varias. De igual manera que podemos ver ese terrible examen de distintas formas, los profesionales podemos ver a la persona desde distintas perspectivas. Así surgen las corrientes en psicología. Mi deducción, cuando estudiaba, fue que cada orientación tenía algo de cierto porque cada una de ellas ponía el foco en un aspecto concreto de la persona. De esta manera, la curiosidad me invadía y me emocionaba con cada nueva corriente que aprendía. Cuando las estudié todas, me di cuenta de algo: si todas tenían razón, de todas se podía aplicar «algo». Y esos «algos» pueden variar en función de quién soy yo y lo que más me resuena, y quién es mi paciente y lo que a él o a ella más le resuena y funciona.

Y puesto que estamos hablando de Epicteto, de los pensamientos y de cómo la realidad no es única, debemos hablar de la psicología cognitiva.

PSICOLOGÍA COGNITIVA

Hay dos conceptos básicos de la psicología cognitiva relacionados con la gestión emocional que quiero resaltar para que te queden muy claros, porque vamos a acabar este capítulo con el que, para mí, es el ejercicio estrella de un proceso de terapia. Puedes avanzar algunas páginas y mirarlo ahora, si quieres, pero lo entenderás muchísimo mejor si integras los conceptos que vienen a continuación. De todas formas, siéntete libre de ir para delante y para atrás, porque quiero que este libro sea una herramienta que te resulte práctica y que puedas ir consultando en tu día a día. No hay nada que me haga más feliz que pensar que estas páginas quedarán desgastadas y manoseadas de tanto que las habrás consultado. Yo soy fan de los minipósits de colores. Los coloco aquí y allá en los libros que compro para poder encontrar fácilmente lo que me llamó la atención cuando haya pasado un tiempo. Si a esto le añades las notas en lápiz al final del libro donde anoto páginas concretas con un recordatorio, ya tienes mis manuales de vida, vividos y a punto para ser repasados.

CONCEPTO NÚMERO 1: LOS TRES MOSQUETEROS

En la psicología cognitiva, como en la novela de Alejandro Dumas, hay tres mosqueteros. En ambos casos, los mosqueteros son muy distintos entre sí y cada uno tiene su personalidad, pero, aun así, siempre están apoyándose y retroalimentándose para conseguir sus objetivos. Los tres mosqueteros de Dumas, Athos, Porthos y Aramis, buscan vencer a Richelieu, mientras que los de la psicología cognitiva tratan de alcanzar la felicidad. «Uno para todos y todos para uno» puede ser el grito de guerra del modelo cognitivo.

Primer mosquetero: el pensamiento

De este mosquetero, coge el nombre la corriente: el pensamiento es cognición, *cognitio*, su nombre en latín. El pensamiento es lo que nos hace humanos y es posible gracias al córtex prefrontal, que ya hemos introducido ampliamente. Podemos pensar y repensar gracias a las habilidades que vamos adquiriendo a medida que vamos madurando.

Pensar es traducir lo que percibes a través de los sentidos, de forma que creas los llamados esquemas mentales, que son el producto de tus vivencias, lo que guardas en la memoria y que forma las creencias con las que ves el mundo y le das sentido. Pensar no es, pues, solamente algo funcional del cerebro; no es la simple percepción traducida por tu cerebro. Es algo más complejo. Las percepciones interactúan con tu vida: con tus recuerdos, tus vivencias, tus creencias. La educación es crucial en nuestras vidas. La educación reglada recibida en la escuela, y también la no reglada, la recibida cada día en nuestras familias y nuestro entorno.

Decía Platón que «la educación es el proceso que permite al hombre tomar consciencia de la existencia de otra realidad, más plena, a la que está llamado, de la que procede y hacia la que se dirige». Fíjate que menciona explícitamente «otra realidad». Porque hay más de una realidad. Y lo veremos en este capítulo.

El filósofo John Locke, además de constatar que hay tantas realidades como personas, apunta qué es lo que lo provoca: «Creo poder asegurar que, de cien personas, hay noventa que son lo que son, buenas o malas, útiles o inútiles a la sociedad, debido a la educación que han recibido. Es de ahí de donde viene la gran diferencia entre los hombres».

Y, finalmente, Helvétius, filósofo francés, decía ya en 1740 que el espíritu, que él entendía como nuestra parte racional, no era un don de la naturaleza y sí un efecto de la educación: «La gran desigualdad de espíritu que apreciamos entre los hombres depende, únicamente, de la diferente educación que reciben y del encadenamiento desconocido y diverso de las circunstancias en que se encuentran colocados». Señala tanto la educación como lo que vivimos cada uno de nosotros como el creador de nuestra realidad.

Hoy, los estudios en neurociencia nos indican que todo lo vivido es lo que hace conectar el cerebro de forma tal que nos convierte en quienes somos. Pero, sin estudios y muchos siglos atrás, este hecho ya era evidente. La inversión en educación es esencial, y la inversión en salud mental, igual de importante. Cuanta más atención a la salud mental, mejores personas y mejores padres; por tanto, mejor educación y personas más sanas en el futuro.

Segundo mosquetero: la emoción

Otra característica muy humana, pero no exclusivamente humana. Emoción procede del término latino *emovere*, formado por el verbo *movere* más el prefijo *ex*, que indica hacia afuera, y su significado es **remover**. ¿Qué hacen las emociones sino removernos? ¿Hay alguien que sienta emociones y no sienta un cambio, ya sea fisiológico o psicológico?

Cuando explico la palabra «emoción», me gusta relacionarla con «conmoción», que deriva del verbo «conmover» (*commovere*, en latín). Contiene el mismo verbo *movere*, pero cuando la acompañamos del prefijo *con*, toma otro significado. Ya no solo es algo que se mueve de dentro hacia fuera, sino que se mueve dentro de ti con fuerza, que permanece. La emoción nace, la conmoción es la emoción ya despierta que te saca de la calma y se te lleva porque toma el control de tu cuerpo.

Con el pensamiento, el primero de los mosqueteros, estábamos en la cabeza. Ahora, con la emoción, estamos en el cuerpo. Fíjate que, a través de las sensaciones y percepciones, funciones sensoriales y del cuerpo, captamos la información exterior, luego pensamos, después vuelve al cuerpo en forma de emoción. Es interesante darse cuenta de que son procesos que se van retroalimentando entre ellos. No son circuitos lineales de no retorno, ¡ni mucho menos!, como cuando estás en la cola del *self-service* y no puedes dejarla hasta pagar. Piensa que la complejidad de nuestro organismo hace que muy difícilmente un sistema (neurológico, hormonal, digestivo) pueda funcionar sin verse influenciado por el resto.

Tercer mosquetero: la conducta

De los tres mosqueteros, este es el único que es observable, el único que puedes describir con precisión si observas a alguien. La emoción en sí misma no es observable; solo podemos ver la expresión de esa emoción. El pensamiento todavía es más interno, y de nuevo, si lo intuyes, es porque toma forma de emoción y esta de conducta.

Las conductas, por más que sean producto de aquello que las precede (el pensamiento y la emoción), son las que van construyendo tu vida. Seguramente son muchas las veces que te has dicho a ti mismo: «¿Por qué he actuado así?, ¿por qué lo hice?». Lo que pensaste o sentiste no tiene más consecuencia que tu propio malestar, pero la conducta solo se puede reparar con otra conducta, que sería el perdón o todo lo que tenga el mismo sentido. Y es que la conducta, una vez realizada, no tiene marcha atrás, queda allí, realizada para siempre. Recuerda esta frase de la sabiduría oriental que me repito y la repito mil veces como un mantra: «Si no quieres que se sepa, no lo hagas».

Conoces a Churchill por sus discursos durante la Segunda Guerra Mundial, conoces el Mayo del 68 por las marchas en las calles de París o al hombre del Neolítico (¡más de cinco mil años después!) por sus dólmenes. A todos los conoces por lo que hicieron. A ti también te conocerán por lo que estás haciendo hoy.

CONCEPTO NÚMERO 2: LA TRÍADA COGNITIVA

La psicología cognitiva es una línea de intervención validada científicamente. El psiquiatra Aaron Beck estableció un modelo de terapia pensado para la depresión con unos resultados tan buenos que, hoy en día, se aplica en otro tipo de problemáticas psicológicas. Y ahí está el quid de la cuestión y por qué hablo de ello aquí. Beck nos habla de «la tríada cognitiva», patrones cognitivos equivocados —llámale formas de pensar equivocadas—, que presentan las personas con trastorno en el estado de ánimo. Me dirás que tú no tienes depresión. O sí. Pero si no tienes depresión y has tenido la suerte de no tener que haber lidiado nunca con ella, esta tríada también te servirá.

Efectivamente, los cerebros no funcionan de manera tan distinta. De hecho, hay actitudes, pensamientos y formas de vivir que son típicas de personas con depresión, pero que también las podemos presentar cualquiera de nosotros en algún momento de la vida. Así pues, ¿cuál es la diferencia entre una persona deprimida y otra que no lo esté en el caso de que esta última, por ejemplo, un día no tenga ganas de hacer nada? La diferencia está en la frecuencia en que eso ocurre, en la intensidad y en cuánto se alarga en el tiempo ese estado.

Cuando pierdes a un ser querido puedes presentar rasgos depresivos. Normal y lógico. El dolor puede ser insoportable y estás respondiendo a un proceso de duelo y pérdida. Son situaciones adaptativas que se pueden observar en todo ser humano.

La persona que pierde su trabajo también puede responder con síntomas depresivos sin tener una depresión. Todos sabemos que perder el trabajo a ciertas edades (los fatídicos cuarenta o cincuenta a nivel laboral) es como si te condenaran a algo terrible. ¿Cómo no ibas a responder con desánimo y desesperanza, si te pasara?

Todo diagnóstico, y lo remarco porque lo creo firmemente, **recoge la vida misma y a los seres humanos. No es tanto lo que te pasa, sino cómo te pasa, cuándo te pasa, cuánto te pasa y por qué te pasa**. Respondiendo a todas estas preguntas, podemos establecer cuánta ayuda puedes necesitar. Estamos en la sociedad de la patologización: convertimos procesos de vida en patología.

Recuerdo a otro paciente, un hombre inglés, vital y generoso, que se había instalado en la costa española en busca de buen clima y calidad de vida, según decía. Allí empezó un negocio dedicado al turismo que le funcionó muy, pero que muy bien. Tan bien le iba y tantos conocidos tenía que decidió, con buena fe, avalar un proyecto de un amigo y su pareja porque era de esos proyectos que no pueden fallar. Pero... falló. El banco ejecutó todo lo ejecutable, hasta llegar a su aval. Mi paciente, con gran desesperación, tuvo que cerrar su propio negocio para hacer frente al importe de las deudas de sus amigos. El cierre de su negocio arrastró su propia vivienda, al disminuir sus ingresos, y se quedó sin nada, viéndose obligado a regresar a su país para poder rehacerse.

Se pasó una semana entera llorando. ¿Era una depresión o era una reacción normal al shock que estaba sufriendo? Lo suyo era un proceso de adaptación a una nueva realidad que no hubiese deseado nunca. Necesitó cinco meses para aprender a volver a confiar en las personas, para volver a tener esperanza, para volver a creer en sí mismo, para aceptar que en la vida estas cosas suceden…, y al cabo de ese tiempo comprendió que lo único que podía reparar todo el dolor y la traición que sentía era el aprendizaje. Un día me contó que el médico de cabecera le había recomendado, ya de entrada y sin saber más, que tomara antidepresivos y que él se había negado. Este es el problema de la patologización que sufrimos. Los antidepresivos son muy útiles… para quien tiene una depresión.

Todos sufrimos de lo mismo

Vivimos unos tiempos en que todo tiene que ser feliz, bonito, simpático y satisfactorio, y la vida no es así. La vida es un todo, que incluye cosas muy bonitas, pero otras muy dolorosas. Y en medio, más vida. Es necesario aprender a vivir la vida tal como es, no una ficción de vida que nos hace más infelices. Aprender a vivirla es empoderarnos para poder salir de momentos complicados, porque los habrá, sin tener que recurrir, si no es necesario, a algo externo que todo lo solucione.

Una paciente empezó a venir a mi consulta cuando comenzaba a perder visión de forma alarmante. Siempre ha sido, y es, una mujer con unas ganas de vivir inmensas y un gran corazón. A raíz de una ruptura de pareja, su vista empeoró tanto que perdió un 98 por ciento. ¿Cómo ves tú el hecho de perder un 98 por ciento de capacidad visual? ¿Se entiende que iniciase un proceso ansioso depresivo muy severo? El problema de salud principal era la falta de visión, pero se convirtió en una cuestión secundaria cuando la depresión tomó el relevo. A pesar del dolor que puede suponer dejar de ver, todos sabemos de personas invidentes felices, que llevan una vida saludable y motivadora. Traté de acompañarla y ayudarla a ver su realidad presente con «otras gafas». Esto necesita un tiempo largo de adaptación, porque no se trata de que se ha perdido un trabajo, sino de que prácticamente has dejado de ver.

Recuerda lo que ya hemos dicho: **no es lo que sucede lo que duele, sino cómo interpretas lo que sucede**.

Visiones negativas universales

Cuando abordó su tratamiento para la depresión, Beck estableció unos patrones de pensamiento en la persona depresiva:

- Tiene una **visión negativa de sí misma** ya que piensa que no es suficiente, que todo lo hace mal, que tiene mala suerte, que no tiene cualidades.
- Tiene una **visión negativa de lo que le pasa**, y pone el foco siempre en cuánto cuesta todo, en lo complicadas que son las cosas, en que la vida nunca se lo pone fácil, en que todo acaba requiriendo un esfuerzo inabordable.
- Tiene una **visión negativa del futuro**, que solo puede ser malo. Comprende que podría no ser así, pero no lo siente. Hay un gran nivel de desesperanza hacia lo que le espera en la vida.

Ahora te pregunto si a ti, que estás leyendo y no sufres de depresión, te ha sonado alguno de estos patrones de pensamiento. ¿Alguna vez has pensado que no te sale nada bien? ¿Que tienes mala suerte? ¿Que seguro que suspendes el examen? ¿Que no te saldrá bien la entrevista de trabajo o que la persona que te gusta ni te mirará? Efectivamente, algunas veces esto sí que es verdad, pero muchas otras te has dado cuenta de que todo lo imaginado era eso, simples imaginaciones... negativas, eso sí. Elucubramos más con lo negativo que con lo positivo.

Resulta que las herramientas que Beck ideó para la depresión nos pueden servir a todos, porque a todos se nos enciende el crítico interno, la voz en *on* que está todo el santo día recordándonos lo que hay de negativo en nosotros, el mundo o el futuro. Como la radio que tenía tu abuelo encendida todo el día porque decía que le hacía compañía. ¡Pero al menos él escogía los programas! Y, por el contrario, los tuyos a veces son una auténtica agonía, ¿verdad?

Aprender a cambiar estos pensamientos negativos que todos tenemos es un reto, pero es asumible. La práctica es la clave. Nadie nace enseñado, y esto ya lo decía uno de mis mejores profesores, especialmente cuando nos suspendía. Cuando no sabemos hacer algo, normalmente refunfuñamos ante la posibilidad de tener que pasar por lo que son los procesos de aprendizaje. Nos gusta que las cosas cuesten, pero poquito, para, en nada, sentirnos el *crack* de la cuestión.

La buena noticia es que todos aprendemos porque nuestro cerebro es extremadamente plástico para el aprendizaje. Puck, mi perra border collie de un año, aprende palabras cada semana, y no dejo de asombrarme. De niños somos máquinas de aprender, y esta facultad no la perdemos nunca. La creencia social de «yo ya soy mayor para aprender esto» te puede perjudicar más de lo que imaginas. Incluso yo, cuando estoy perezosa con algo, me hago la mayor con mis tres hijas para conseguir ahorrármelo. ¿Resultado? Nunca cuela.

EJERCICIO 4. EL CUADERNO DE PATRONES

Si la práctica es la clave, vamos a coger papel y lápiz, elementos imprescindibles para hacer este ejercicio que, en mi opinión, es la base del cambio. Cierto que tenemos que trabajar nuestra autoestima, aprender a poner límites, orientar nuestra vida para que incluya el autocuidado y tantas otras cosas imprescindibles para vivir de forma plena. Pero si primero no aprendemos a ver la realidad de manera distinta, el resto de los retos personales no tendrán continuidad.

Introducción

Así pues, este cuaderno forma parte de tu trabajo personal. El trabajo personal requiere compromiso con uno mismo. Y el compromiso se asienta en:

- Una primera acción
- Constancia
- Paciencia
- Felicitarse

Los patrones son nuestro piloto automático. Todos tenemos unos patrones determinados que proceden de nuestra infancia. De la educación. De la familia, la escuela, los amigos. Los patrones están formados por secuencias de:

1. Pensamientos: ¿qué pienso?
2. Sensaciones/emociones: ¿qué siento en el cuerpo?
3. Conductas: ¿qué hago?

Los pensamientos se localizan en la cabeza, y cuando decimos cabeza, recuerda que lo puedes cambiar por mente. Las sensaciones se localizan en el cuerpo. Ni los pensamientos ni las sensaciones son visibles. Observando a alguien solamente podemos suponer qué piensa y qué siente. Pero no podemos ver ni una cosa ni la otra. Lo único que podemos ver son las conductas, lo que hace. Por tanto, de todo el patrón, pensamientos y sensaciones pertenecen a nuestro mundo interior, y las conductas a nuestro mundo social. Podemos entender las sensaciones también como emociones cuando se estructuran de una forma muy clara y definible.

Cuando hablamos de sensación, podemos hablar de enfado si lo sentimos en el cuerpo, pero también de nudo en el estómago, de sudor frío, de dificultad para respirar, de malestar... Cuando entramos en las emociones, ya estamos hablando de rabia, asco, alegría, ira, vergüenza...

Objetivo

El objetivo de este trabajo es cambiar tu piloto automático, es decir, el patrón con el que vives. Para hacerlo es necesario:

- Darte cuenta de que los pensamientos son los que encienden el patrón. Con un pensamiento A, pasará siempre B. Si cambias el pensamiento a C, podrá pasar algo distinto a B.
- Darte cuenta de que, a partir de tus pensamientos, construyes la realidad. Estás dando **significado** a lo que te pasa.
- Darte cuenta de que dando ese significado construyes *la* realidad. Cuando en verdad, solamente es *una* realidad, es *tu* realidad.

- Darte cuenta de que hay tantas realidades como personas.
- Darte cuenta de que cada persona interpreta las situaciones en función de su propia historia personal, de sus creencias, etc.
- Aprender a conectarte con el cuerpo. Si lo consigues, adquieres la capacidad de regularte muchísimo mejor.

Claves

- Como decía al principio del ejercicio, este trabajo lo debes realizar con papel y lápiz. Si eres de los que utilizan el móvil, déjalo para otras ocasiones. Este es tu primer compromiso: escribir. Porque escribiendo activas muchas áreas cerebrales, y cuanto más implicado esté tu cerebro en lo que estás haciendo, más fuerza tendrá este trabajo.
- Cuando estás enfadado, triste, avergonzado..., el cerebro emocional está muy activado, mientras que el córtex prefrontal está a medio gas, para que me entiendas. Cuando empiezas a escribir, activas el córtex prefrontal porque debes poner foco, atención, inhibir. Y entonces, forzosamente, empieza a perder fuerza el cerebro emocional. ¿Conoces a alguien que sea capaz de concentrarse en hacer los deberes o en escribir un correo electrónico a su tía para felicitarle la Navidad estando muy enfadado y gritando? La verdad es que cuesta. La escritura consciente solo sale de la tranquilidad. Pues vamos a forzar esta tranquilidad obligándonos a escribir.
- Puedes hacer una fotocopia de este ejercicio (de estas páginas del libro) y escribir en ellas, o puedes escribir tus tareas en tu libreta de terapia. Busca una libreta bonita,

háztela tuya, que te guste. ¡No cojas una birria de libreta que todos tenemos por casa! ¡No! Es tu espacio de trabajo, ¿trabajarías en un despacho hecho una porquería? Pues lo mismo.

· Este trabajo necesita práctica. Hazlo cada vez que te encuentres con algo que haya pasado y que necesites analizar y cambiar. Algo con lo que te sientas mal, ya sea algo que tú has provocado o algo que te ha ocurrido como consecuencia de la intervención de otra persona.

· Es normal que, sobre todo al principio, lo hagas retrospectivamente: es decir, que trabajes algo que pasó ayer u otro día de esta semana. Está bien así, la cuestión es no dejarlo pasar sin trabajarlo.

Pasos

A. **Pon un título al suceso que quieres trabajar.**

Como si fuera el título de una película o de un libro que coges de una estantería. Tiene que ser breve y que describa lo que ha pasado. Te pongo un ejemplo: *Discusión con el jefe*. El título te tiene que servir para que, si de aquí a seis meses lees el ejercicio, solo con el título seas capaz de decir: «¡Ah, sí, eso!».

B. **Trabaja el patrón en tres partes, respondiendo a estas tres preguntas:**

1. ¿Qué he **pensado** cuando ha pasado el suceso?

Te pido que los pensamientos que pongas aquí no tengan filtro; es decir, que te sueltes, que dejes que estos surjan sin censura. Si estás enfadado, pon las palabrotas que necesites; si sientes como algo terrible lo que ha pasado y te sientes fatal, pon aquello que tu consciente no se atreve a decir, como, por ejemplo: «Me dejarán, no me querrán, soy un desastre». Es necesario permitir que tu parte más inconsciente hable, porque solo así te puedes dar cuenta de por qué te lo tomas tan mal o te hiere tantísimo.

2. ¿Qué he **sentido** cuando ha pasado?

   Aquí debes centrarte en tus sensaciones corporales o tus emociones. Un error muy común en este apartado es volver al punto 1. Muchas personas dicen aquí, por ejemplo: «Me he sentido muy burro, que me ha tomado el pelo». ¡No! Esto iría en el apartado de pensamientos. Si te has sentido muy burro y que te han tomado el pelo, podrías decirme que te sientes triste, decepcionado, enfadado. ¿Ves la diferencia?

3. ¿Qué he **hecho**? ¿Cómo me he **comportado**?

   En este apartado lo importante es poner lo que has hecho inmediatamente después del suceso que estás trabajando, pero también todo lo que «cuelga» de él. Me explico: yo he podido enfadarme con mi jefe y luego haber ido al baño a lavarme la cara porque sentía tanta rabia que lloraba. Puedo poner incluso que no he hablado en todo el día con mis compañeros. Pero también, y ahí voy, puedo escribir que he llegado a casa y he contestado mal a mi pareja. La mayoría de nosotros, si tenemos un mal día desde las nueve de la mañana, es muy probable que lleguemos a casa cruzados y descarguemos nuestro enfado con el que menos culpa tiene. Esto se llama proyección.

C. **Trabaja un patrón alternativo.**

¿Cómo? Volviendo a contestar las tres preguntas anteriores sobre qué he pensado, qué he sentido y qué he hecho, pero esta vez, partiendo de un pensamiento alternativo. Veamos:

1. ¿Qué podía haber **pensado de forma alternativa** cuando ha pasado el suceso?

   Aquí lo que te quiero hacer notar, porque es muy importante, es que muchas veces tendrás la emoción tan activada que no te saldrá pensar algo alternativo. Si pienso que mi jefe es un maleducado porque estoy muy enfadada, ¿cómo voy a pensar algo distinto a que es un maleducado (y muchas cosas más)? Entonces, lo que te pido es que pienses qué te diría alguien a quien aprecias y te quiere si le explicaras lo sucedido. Muchas veces, poner una voz externa nos ayuda a encontrar un pensamiento alternativo. Otra solución es pensar qué le dirías tú, ante lo que te ha pasado, a alguien que te lo contara. Qué le aconsejarías. Esta sería otra solución.

2. ¿Qué hubiese **sentido con este nuevo pensamiento**?

   Otra vez insistir en que aquí van las emociones o sensaciones corporales. En este apartado estamos trabajando la parte sensorial, el cuerpo. Recuérdalo.

3. ¿Qué hubiese **hecho con esta nueva sensación en el cuerpo**?

   Piensa qué harías distinto con estos nuevos pensamientos en tu mente y con las nuevas emociones o las mismas, pero menos activadas en el cuerpo. En esta parte, no todo será una nueva realidad perfecta, ni mucho menos. Pero sí que debes ser capaz, como mínimo, de poder activar los recursos aprendidos. Si no eres capaz de imaginar aquí acciones distintas a las que escribiste en la primera parte del ejercicio, recuérdate qué recursos te sirven a ti para salir de un estado emocional que te duele: ¿respirar?, ¿salir a andar?, ¿hablar con tu mejor amiga?, ¿pintar?

D. **Para y felicítate.**
- Me doy cuenta de que la realidad surgida es diferente.
- Me doy cuenta de que he cambiado cómo he actuado porque he sido capaz de cambiar mi pensamiento inicial.
- Me doy cuenta de que puedo ir cambiando mi vida si tengo la constancia de aprender a observar mis pensamientos.

E. **Da las gracias.**
Has hecho el ejercicio. ¡Felicidades!

El sentido

Ahora quiero que lo repases y te des cuenta de un par de detalles más que darán sentido a tu ejercicio.

Relee la primera parte de los pasos (B):

- Te pregunto: ¿estás en la queja? ¿Eres tú el absoluto protagonista de la historia? ¿Los pensamientos son del tipo: «Es que *me* ha hecho esto», «Es que no hay derecho», «Me parece increíble que no *me* llamara», «No *me* tiene en cuenta»?

- Efectivamente, en esta primera parte tú eres el protagonista, porque pones el foco en ti y en lo que a ti te ocurre.
- No ves a la otra persona, en el sentido de que no eres capaz, ahora, de darte cuenta de que, primero, la conducta de las personas habla de las personas, no de ti y, segundo, que a los demás también les puede estar pasando algo para que actúen así.
- El modo en el que estás en esta parte del ejercicio es de víctima.
- La figura que se activa es la del niño interior que se siente herido y víctima. Los niños, lo hablaremos, se sienten el centro del universo, y es lo que les toca por su estado de evolución. Los niños deben demandar por naturaleza para poder sobrevivir. A ti, como adulto, ya no te toca sentirte el centro del universo, y es lo que estamos trabajando aquí.

Relee la segunda parte de los pasos (C):

- Te pregunto: ¿ves alguna diferencia? ¿Ha cambiado tu mirada cuando escribes un pensamiento alternativo? ¿Eres tú, de nuevo, el absoluto protagonista de la historia o ha aparecido alguien más?
- A medida que vayas haciendo este ejercicio, te pasará que, en tus pensamientos alternativos, empezarás a «ver» a los demás. Incluso a los que te han hecho daño. Pongo el ver entre comillas porque es un ver simbólico: significa que estás siendo capaz de entender que la conducta de los otros habla de ellos y que, cuando tú estás en modo víctima, es imposible ver nada nada más que a ti mismo.

- Cuando empiezas a darte cuenta de que tus historias y tu realidad son fruto de tus pensamientos, y que hay otros factores que tener en cuenta más que tu ombligo, se produce un pequeño milagro: que te empoderas.
- La persona empoderada no tiene problemas en reconocer que no solo a ella le pasan cosas, sino que los demás también tienen sus vidas y sus motivos. Y es capaz de reconocerlos porque se siente segura.
- La víctima, por definición, no tiene recursos o, si los tiene, se boicotea para no ponerlos en práctica. Hay que saber que, de forma inconsciente, estar en el papel de víctima acaba siendo cómodo —que no saludable— porque implica no hacer nada para cambiarlo.
- La persona empoderada sí tiene recursos y sí los utiliza. Y aquí es donde me encanta verte.
- Finalmente, ¿dirías que está activado tu niño en esta segunda parte? Pues no. Quien ha aparecido en esta parte del ejercicio es, efectivamente, tu adulto maduro. El que sabe acompañar a tu niño cuando se siente perdido, abandonado, humillado, avergonzado o culpable.

Creo que la figura de tu niño interior y de tu adulto maduro son tan útiles e intuitivas para tu proceso de crecimiento personal que, en el siguiente capítulo, voy a extenderme en esto.

Un caso práctico

Antes, te pongo el ejemplo de Santi y uno de sus ejercicios de patrones para que lo entiendas desde la práctica.

Santi vive en pareja con Susana. Hace un tiempo que tienen roces continuos y la relación se está resintiendo. Él acude a terapia para ver qué puede trabajar para mejorar la situación. Un día, Santi llega a mi consulta muy enfadado. Dice que ya no puede más y que la situación lo supera, que Susana se portó fatal con él el día anterior. Cuando le pido que me cuente, está tan enfadado que solo repite que su relación ha terminado. Lo hablamos hasta que él, más calmado y con más capacidad de reflexión, puede hacer el ejercicio de patrones. Así que coge su libreta y empieza:

A. Santi pone un título al suceso del día anterior con Susana: *Susana me echa la bronca porque no he llamado al taller.* Una vez que tiene el título, debe iniciar los pasos. El título, con solo leerlo, debe permitirle evocar todo lo que le pasó y servirle para recordarlo si coge su libreta de terapia al cabo de seis meses: *Llegué a casa contento y Susana estaba de morros conmigo. Yo no sabía por qué. Le pregunté qué le pasaba y me preguntó si había llamado al taller para la revisión del coche, que lo necesitábamos para ir de viaje. Le contesté: «Ups, se me ha pasado, mañana llamo. He tenido un día muy ocupado en el trabajo». No me respondió, me fulminó con la mirada y se pasó el resto de la tarde ignorándome. Por la noche intenté acercarme a ella, explotó y me dijo que no podía vivir con un niño, que no quería ser mi madre y estar encima de todo lo que se necesitaba en casa. Le dije que no me lo podía creer, que con todo lo que hacía, que me trataba fatal. Cogí la puerta y, dando un portazo, me fui. Ella me llamó a la hora, me escribió por WhatsApp y yo la bloqueé.*

B. Santi trabaja el patrón y contesta las preguntas sobre pensamiento-emoción-conducta.

[En cada punto indico la opción 1, que es la más habitual, pero que no se ajusta a lo que buscamos en el ejercicio, y la opción 2, que es más ajustada y, también, la que buscamos.]

1. ¿Qué he **pensado**? Pensamientos.

   Opción 1: *Siempre estamos igual. Se enfada por todo. Es muy difícil vivir así.*

   Nota: Está en modo contención, está enfadado, pero está quedando bien consigo mismo y no está permitiendo al inconsciente salir y expresar lo que realmente piensa y cómo se siente.

   Opción 2: *Siempre estamos igual. Se enfada por todo. Es muy difícil vivir así. Vaya mierda de relación. No me valora, piensa que soy un desastre. Llevo toda la vida sintiéndome una mierda de persona y ya no puedo más. Realmente, no me quiere; si me quisiera, no me hablaría así. No valora nada de lo que hago. ¿Para qué esforzarme en ir a terapia para mejorar si a ella le da absolutamente igual? No valora nada de mí. Lo dejo, es insoportable y ella una metemierda.*

   Nota: Aquí sí que ha salido lo que piensa y siente y no quiso expresar en la primera de las opciones. Las personas tendemos a tapar lo que «no queda bien» cuando escribimos y no permitimos que nuestra parte más inconsciente se exprese, que es la que aprieta y la que tiene la llave de por qué reaccionamos como lo hacemos. Así que te animo a que te sueltes, que pongas palabrotas, si es que te salen, que vayas al fondo de ti. Es un ejercicio tuyo y solo tuyo, nadie lo tiene que ver. Suelta lo que llevas dentro porque es lo que más te ayudará.

2. ¿Qué he **sentido**? Emoción (sensación del cuerpo).
Opción 1: *Pues una mierda, sinceramente.*
Nota: ¡No! Esto no es lo que buscamos. Esto iría a pensamientos, ¿lo ves?
Opción 2: *Triste, muy enfadado, desesperado, abandonado.*
Nota: ¡Bien!

3. ¿Qué he **hecho**? Conducta.
Opción 1: *Cuando ella me echó la bronca, me defendí. Le dije que no había para tanto, pero ella insistió en lo de que no quería vivir con un niño, y sentí tanta rabia que cogí las llaves y me fui de casa.*
Nota: Estas son sus acciones inmediatas. Que se haya sentido mal, poco valorado y muy triste y enfadado no provoca que se haya ido de casa. Tiene que pensar cómo este enfado ha condicionado todo lo que ha hecho en las horas posteriores, incluso sin que lo vincule a lo sucedido.
Te pongo otro ejemplo: Mi jefe, de muy malas maneras, me llama la atención a las ocho de la mañana por algo sobre lo que yo no tengo la responsabilidad, pero tengo que callarme. Estoy toda la mañana en

mi despacho disgustada, y cuando mis compañeros me llaman para ir a comer, les digo que no, sin más explicaciones. Llego a casa por la tarde, mi hija tiene la habitación desordenada, como siempre, y empiezo a murmurar enfadada, y al final termino gritándole y diciéndole que así no podemos continuar. Ella, adolescente, se enfada y no me habla durante la cena, así que nos levantamos de la mesa y no nos decimos buenas noches.

Quiero que te des cuenta de que, lo que ha pasado con mi jefe a las ocho de la mañana, aún condiciona mi conducta durante la cena.

En el ejercicio, no solo debo poner que he estado toda la mañana disgustada, sino todo lo que «cuelga» de la bronca con mi jefe. Volvamos a nuestro ejercicio.

Opción 2: *Cuando ella me echó la bronca, me defendí. Le dije que no había para tanto, pero ella insistió en lo de que no quería vivir con un niño, y sentí tanta rabia que cogí las llaves y me fui de casa. Al cabo de una hora, ella me llamó y no respondí. Entonces me mandó unos wasaps y la bloqueé. Estuve andando por la calle una hora más, y luego volví a casa. Ella intentó hablar conmigo, pero yo no le contesté. Al día siguiente, teníamos una cena con amigos en casa y reconozco que la ignoré todo el rato; una de mis mejores amigas se dio cuenta y me preguntó qué me pasaba.*

Nota: Como ves, aquí sí que has incluido todo lo que es consecuencia de la discusión, porque se ha dado cuenta de que, incluso al día siguiente en la cena, todavía estaba enfadado con su pareja.

C. Perfecto. Primera parte del ejercicio hecha. Ahora vas a ver cómo dibujar una realidad alternativa. Al principio, especialmente cuando las emociones están muy activadas, cuesta salir de la realidad que nos hemos montado. En esta segunda parte del ejercicio se trata de que puedas pensar cosas distintas de las que te salieron de forma automática. Como te puede costar, te recomiendo que tomes prestada una voz ajena a ti en la que confíes: ¿qué te diría tu mejor amiga? ¿Tu madre? ¿Tu hermano? ¿Tu terapeuta? Sí, te estoy diciendo que no hace falta que te creas por completo lo que vas a escribir, porque lo que estoy intentando aquí es que empieces a abrirte a la posibilidad de que nuevas realidades pueden existir, y esto, en sí mismo, ya es un éxito. ¿Conoces la frase que dicen los norteamericanos sobre fingir hasta que lo sepas hacer? *Fake it 'till you make it*. Es una máxima en la que creo absolutamente. Pues vamos a por ello.

1. ¿Qué podría haber **pensado de forma alternativa** cuando nos hemos discutido? Pensamiento alternativo. *Me olvidé de llamar al taller para programar una cita para la revisión del coche y era importante porque necesitamos el coche para el viaje. Además, Susana me lo había recordado el sábado y yo lo tenía en la cabeza. Lo que me hizo enfadar fue cómo me lo dijo, porque creo que estoy trabajando en muchos temas personales y de pareja, y merezco que me hable de otro modo. Entiendo que ella también lleva unos días con muchísimo trabajo porque llegan las vacaciones y tiene asuntos pendientes, y lo sé. También ella tiene derecho a enfadarse y a no*

hacerlo bien, y no debería tomármelo tan personal-
mente. Otro día pondré una alarma en el móvil para
recordar citas como esta.

2. ¿Qué hubiese **sentido con este nuevo pensamiento**?
Emociones y sensaciones en el cuerpo alternativas.
Más tranquilo, más compasivo con ella porque tam-
bién veo sus motivos. Empoderado.

3. ¿Qué hubiese **hecho con esta nueva sensación** en el
cuerpo? Conducta alternativa.
Podría haberle dicho a Susana que no creía merecer
ese trato y que me diera un rato para hablarlo más
tarde, cuando estuviéramos los dos más calmados.
Me hubiese retirado a hacer alguna cosa en otro es-
pacio, y habría evitado la confrontación, a pesar de
que ella hubiese insistido en el enfado. Incluso po-
dría haber salido a dar un paseo un rato. También
habría decidido poner una alarma en el móvil para
el lunes para recordar llamar al taller sin falta. Al
cabo de una hora, o a la mañana siguiente, le habría
pedido a Susana hablar con ella, le habría pedido
disculpas por olvidarme de llamar al taller, le habría
dicho que entendía su enfado, le habría explicado
los motivos y le habría pedido que, en otra ocasión,
por favor, me lo dijera de una forma más amorosa.
También le habría recordado que estoy trabajando
en nuestra comunicación y convivencia, y que toda-
vía me cuesta hacerlo bien.

D. y E. Llegados aquí, faltan los últimos puntos del ejercicio: **felicitarte y agradecer**. Escribe una felicitación, cor-

ta, larga..., como tú quieras. Pero debes darte el premio. A las personas nos encanta que nos feliciten. Lo hacemos constantemente con nuestros pequeños, hasta que lo dejamos de hacer de golpe. Pasamos de aplaudir y mostrar una alegría desbordante ante cualquier cosa que consiguen los niños, a esbozar una tímida sonrisa de aprobación en el mejor de los casos. Y, muy a menudo, ni eso. **Felicítate**, porque es de las acciones más empoderadoras que hay, porque promueve radicalmente las conductas que queremos establecer. No digo que nos tengan/tengamos que felicitar siempre; claro que es necesario hacer las cosas sin aplausos. Pero no debemos caer en el polo opuesto: olvidar que hemos hecho un buen trabajo y que nos lo reconozcan es muy motivador. Si a mis tres perras, Nax, Mia y Puck, les encanta recibir halagos cuando hacen bien las cosas..., ¿cómo no nos va a gustar a ti o a mí? Es algo innato.

Así que Santi acaba con algo así como:

«Santi, eres un crack».
«Santi, tú vales mucho».
«Santi, cada día lo haces mejor».
«Tío, vaya máquina estás hecho».
«Cómo te quiero y cómo me gustas».

Lo que sea, como sea, en el estilo que mejor te suene..., ¡pero hazlo! Ya solo te queda añadir un simple «Gracias» detrás y ya lo tienes.

Preguntas finales

Para ayudarte a dar aún más sentido al ejercicio, ahora puedes contestar a estas preguntas. Cuando leas la pregunta, si lo necesitas, ve a las páginas anteriores y relee el ejercicio de Santi antes de contestar. Los libros son para avanzar y retroceder; es lo que los hace útiles. Si tus respuestas van en línea con lo que te contesto (lo marco en **negrita**), el ejercicio está comprendido y asimilado.

- ¿Qué figura, adulto maduro o niño, es el que piensa en la parte B del ejercicio? **El niño.**
- ¿Qué modo, víctima o empoderado, es el que piensa, siente y actúa en la parte B del ejercicio? **Modo víctima.**
- ¿Está siendo Santi capaz de ver a Susana en la parte B? **No.**
- ¿A quién «ve» Santi? **Solo a él. Yo/mi/me.**
- ¿Qué figura, adulto maduro o niño, es el que piensa en la parte C del ejercicio? **El adulto maduro.**
- ¿Qué modo, víctima o empoderado, es el que piensa, siente y actúa en la parte C del ejercicio? **Modo empoderado.**
- ¿Está siendo Santi capaz de «ver» a Susana en la parte C? **Sí. Susana ha aparecido en el relato, no como verduga de Santi, sino como parte que también padece o siente.**
- ¿A quién «ve» Santi en la parte C? **A los dos. Es capaz de entender las razones de Susana, a la vez que se escucha y atiende sus propias necesidades.**
- ¿Había una única realidad en lo que le pasó a Santi? **No, de acuerdo con la física cuántica, hay tantas realidades como espectadores.**
- ¿Estaba aplicando Santi las tres distorsiones cognitivas de las que habla Beck? **Sí.**

I. ¿Visión negativa de sí mismo? **Sí, porque la crítica de Susana le hace pensar que es un desastre de persona.**

II. ¿Visión negativa de lo que les está sucediendo? **Sí, porque piensa que Susana no cree en la relación, a la que etiqueta como una relación de madre-hijo y no de pareja.**

III. ¿Visión negativa del futuro? **Sí, porque llega a verbalizar el dejar la relación porque no le ve solución.**

El antídoto del piloto automático

Aprender a cuestionarte *tu* realidad es la clave, y para ello es necesario aprender a observarte. Si aprendes a observar tus pensamientos, se produce un milagro. ¿Sabes cuál? Que entre el pensamiento y la acción final se crea un espacio de tiempo en el que tú puedes **elegir** qué hacer con lo que está pasando.

Cuando este espacio no existe, piensas–sientes–actúas *en cero coma*. Así se define el piloto automático: tu conducta viene determinada por patrones infantiles muy arraigados dentro de ti, y no, no estás siendo capaz de aplicar otro patrón distinto. Cuando empieces a hacer el ejercicio anterior, te darás cuenta de que hay una emoción que se suele activar en ti y que se repite con frecuencia en tus sucesos personales, por eso hablamos de patrón de conducta.

Hay personas que siempre se enfadan (rabia, ira), otras que siempre sienten tristeza (disgusto, impotencia, abandono), otras que suelen sentir vergüenza y luego están las que sienten la incapacitante culpa que no les deja vivir en paz.

Haciendo el ejercicio verás tu propio patrón, y este «darte cuenta» será el inicio del cambio. A mis pacientes les digo que este ejercicio **construye consciencia.** Recuerda que la consciencia se da porque eres capaz de estar en el aquí y ahora. En este lugar, te puedes **observar**, puedes **cuestionarte amorosamente** y puedes **elegir** alternativas.

¿QUÉ ALIMENTAS CON TUS PENSAMIENTOS?

La tradición india norteamericana nos regala esta perla de sabiduría:

«Un hombre, ya mayor, se encontraba sentado con su nieto a la sombra de un árbol y le dijo: "Me siento como si tuviera dos lobos peleando en mi corazón. Uno de los dos es un lobo enojado, violento y vengador. El otro está lleno de amor y compasión". El nieto le preguntó: "Abuelo, dime ¿cuál de los dos ganará la pelea en tu corazón?". Y el abuelo, muy sabiamente, contestó: "Aquel que yo alimente"».

Esta historia la tengo en casa, justo en la entrada, y te reirás cuando sepas dónde está escrita: en una bolsa de papel de alguna tienda en la que compré hace más de quince años. Cuando la leí en la bolsa que me habían dado, me gustó tanto que la colgué como «decoración consciente», que es como yo la llamo. Es bonita, pero sobre todo es inspiradora, y no solo para los que vivimos en casa, sino también para todo aquel que viene a visitarnos. La historia es tan potente que, a los recién llegados, solo les dura un segundo pensar lo extraños y raros que somos en casa por tener una bolsa blanca colgada de una pared. La maravilla de la historia y su profundidad los engulle por completo; no hay nadie que no haya comentado: «¡Cuánta razón tenía ese abuelo indio...!».

Puedes vivir distinto. Puedes cambiar tu vida.

«Me costó varios años aprender a pintar como los pintores del Renacimiento; pintar como los niños me llevó toda la vida».

PABLO PICASSO

CAPÍTULO 5:

SABER ACOMPA-ÑARTE: EL NIÑO INTERIOR

Te explicaba en otro capítulo que las personas aprendemos muchísimo mejor a través de historias. Todo contenido que podamos comprender desde la vivencia, propia o ajena, nos llega porque se activa la empatía. Difícilmente empatizaré con la lista de los reyes godos o con los estilos dórico, jónico o corintio de la arquitectura griega, pero sí con la leyenda de san Jorge o con Ulises cruzando medio mundo, mientras Penélope lo esperaba tejiendo con paciencia, dando largas a los pesados pretendientes que la acosaban para conseguir el trono de Ítaca.

Las historias humanas siempre son las historias de todos: las vividas, las admiradas, las que anhelaríamos vivir o las que tememos. Las emociones humanas son universales, da igual tu género, tu cultura, tus ideas políticas, tus ideales o valores, si te gusta Sinatra, Springsteen o Rosalía.

Apuesto a que sabes quiénes son el clan Kardashian. Igual no te vienen a la mente sus caras o cuántas hermanas son, pero sonarte, te suenan. Esta familia son un ejemplo de éxito sin parangón que, creo, debería estudiarse en las escuelas de negocios más reputadas. Desconozco si ya se hace. Los miembros de esta familia, con la madre como mente pensante, han conseguido convertirse en las personas con más millones de seguidores en las redes sociales. Me dirás que tener seguidores en redes no es garantía de nada serio, y te doy la razón. Pero tenerlos sí que te da un altavoz, y lo puedes utilizar para hacer llegar el mensaje más bondadoso del mundo o para montar negocios y que funcionen. Sí, ellas han optado por esta segunda opción, y nada que decir. Las aplaudo. Ganar dinero está muy bien.

Pero más allá de qué hacen las Kardashian con sus vidas o qué negocios se les ocurren, te pregunto: ¿por qué crees que tienen tanto éxito? Y la respuesta es tan simple como esta: se han dedicado durante años a enseñar sus vidas en directo, a pelo, con muy pocas manías, mostrándonos lo mejor, pero también lo peor de ellas, y lo que les ocurría. Fiestas, cumpleaños, bodas magníficas, vacaciones de fantasía… Pero también peleas familiares, traumas de la infancia, reconciliaciones, divorcios, problemas de fertilidad, embarazos de riesgo. En directo y sin filtro. Nos han detallado todas sus horas de maquillaje para aparecer impecables; todos sabíamos que había mucho de falso en la imagen que nos enseñaban…, ¡pero es que las primeras en confesarlo han sido ellas mismas, mostrándolo sin tapujos!

Ese es su secreto. «Esta soy yo, y soy como tú. Me pasa lo mismo que a ti. Tengo complejos como tú. Quiero gustarme como tú. Mi vida no es perfecta, como no lo es la tuya. Sufro como tú. Lloro y me río como tú. Me peleo como tú. Me engañan como a ti».

El secreto es que tú o yo, cuando las vemos, conectamos con nuestra propia realidad. Esto no es como la revista *Hola* donde todo es maravilloso. Aquí hay miserias personales, y eso nos acerca a ellas.

Contar historias, el secreto.

¿QUIÉN VIVE DENTRO DE TI?

Apoyándose en el conocimiento construido a partir de historias y personajes, la psicología también ha tirado de simbologías con el fin de que te identifiques con conceptos que, de otro modo, se-rían más complicados de integrar.

Eric Berne fue un psiquiatra canadiense, creador del análisis transaccional, una línea de psicoterapia de base humanista que integra distintas corrientes, como el psicoanálisis y la terapia cognitivo-conductual, entre las más conocidas. Te hablo de ella porque Berne defendía algo que yo, como psicóloga con pasado de consultora empresarial, abandero siempre: si no sabemos explicar lo que queremos transmitir, nuestro trabajo será en vano. El trabajo personal debe fundamentarse en elementos que sean fácilmente comprensibles para todo el mundo. Berne decía, literalmente, que su trabajo lo tenía que poder entender un niño. Y comparto totalmente este punto de partida.

Utilizo el sistema de Berne para trabajar la simbología de los distintos estados de tu yo. Berne empleó el término «transaccional» para que se intuyera claramente que en nuestro interior se producen transacciones. ¿Entre qué y quién? Entre tres figuras que son fundamentales y en las que fácilmente te reconocerás:

- El yo padre
- El yo adulto
- El yo niño

TU PETER P.A.N.

Como sé que conoces a Peter Pan, le vamos a pedir prestado su nombre para trabajar en nuestro interior. Su apellido, concretamente: P.A.N. Así, al ser un personaje clásico, recordarás la herramienta.

PAN	Figura
P	de **p**adre
A	de **a**dulto
N	de **n**iño

Te sugiero que, una vez aprendido el sistema de Berne, lo apliques en tu vida diaria.

¿Recuerdas el ejercicio del cuaderno de patrones? Te permitía darte cuenta de que el pensamiento iniciaba una cadena de emoción y conducta (acción) que te perjudicaba y, a la vez, podías practicar un pensamiento alternativo que te ayudaba a hacer cambios positivos en tus conductas. Pues de lo que se trata con el P.A.N. es de simplificar el trabajo para tener una herramienta que puedas aplicar *on the go* cuando no dispones ni de tiempo ni de libreta para realizar el ejercicio de los patrones. Te ayudará a identificar a tu niño interior, que aparece en la primera parte del cuaderno de patrones, a darte cuenta de si habla él o si habla el padre, y a activar tu adulto maduro. Te lo cuento.

Padre

Corresponde a la figura de autoridad que, en su día, estableció tus principios, valores y educación, y te contó lo que era correcto y lo que no. Hablamos de padre en masculino, pero no necesariamente tiene que ser así: puede ser cualquier figura de autoridad con la que hayas convivido: tu madre, tu padre, tus abuelos, tus tíos o tus profesores.

La autoridad, al educar, apoya y corrige, promueve las conductas que considera correctas y sanciona las que considera incorrectas. Berne llama a estos dos padres:

- **El padre crítico o controlador:** pone límites, juzga, transmite valores que no pueden ser contestados.
  - En su parte positiva, esta actitud te permite aprender los roles que existen en la sociedad y qué esperar de ella.
  - En su parte negativa, es la cara de la autoridad que más nos duele, porque es una autoridad limitante, que no permite nada que él no contemple y que juzga con mucha facilidad y de manera hiriente.
- **El padre nutridor:** está siempre de tu lado.
  - En su parte positiva, lo tienes de forma incondicional, pero dejándote espacio para que crezcas.
  - En su parte negativa, es la persona que te sobreprotege, creando dependencia y niños inseguros.

Ten en cuenta esto, pero ya te avanzo que, normalmente, cuando la figura del padre se activa en tu interior en forma de voz, lo hace para reñirte, para censurarte, para decirte su famoso «parece mentira que» con el que muchos se torturan interiormente.

Adulto

Con el adulto reencontramos el propósito de este libro. Es la figura integradora que sabe utilizar la razón y el sentido común, que escucha su cuerpo, atiende sus necesidades y utiliza esta cabeza privilegiada que la evolución nos ha regalado para sumar, la pone a su entero servicio. Cuando cuerpo y cabeza van de la mano, la barca se mueve hacia donde deseas. Aunque haya mala mar, sabes llevar el timón y aguantar el tipo. Porque los dos van a una.

El adulto interior es lo que hasta ahora he venido llamando el adulto maduro. Le añado el título de maduro porque adultos hay muchos, pero adultos maduros, no tantos. En eso estamos, en sumar madurez para afrontar el reto de vivir con más plenitud.

Quiero advertirte que escucharse y tener mucha cabeza no es garantía de nada por sí solo, porque hay adultos con esas capacidades, que se convierten en personas manipuladoras y complicadas porque se escuchan tanto que lo suyo siempre va primero, aun a costa de ti y de mí. Este tipo de adultos lo son por edad biológica, pero en cambio se comportan como niños sin límites. Es lo que Berne llama «el niño natural», que es el que demanda, exige y no tiene control sobre sus impulsos. El niño, biológicamente, está legitimado para vivir así, ya que todavía debe hacer la transición hacia otro estado donde el centro del mundo ya no es él. Hay adultos que esta transición no la hacen nunca.

El adulto de Berne sabe gestionar sus emociones, relacionarse con los demás, renunciar si hace falta, atreverse, cuestionarse, cuidar de sí mismo y proyectarse hacia el futuro, reconociendo su pasado y con los pies en el presente.

Niño

Tú y yo y todos los que estamos aquí leyendo hemos sido niños. Te es fácil reconocerte en esta faceta. Y es que quizá no hayas sido padre o madre, pero niño o niña, sí.

El haber sido niños nos da una ventaja enorme: sabes cuándo tu niño se activa, porque has vivido en él muchos años. En tu proceso de maduración, cuando crecías y te ibas haciendo mayor, pasaste de creer que tenías el derecho a tenerlo todo (el niño es esencialmente egoísta de una forma natural y sana) a darte cuenta de que había cosas que deseabas con todas tus fuerzas, pero que no podían ser por diferentes motivos; por ejemplo, porque realmente podían ser peligrosas (tirarte desde unas rocas al mar sin saber la profundidad) o porque eran poco saludables (comerte seis helados de chocolate justo antes de cenar).

Hay límites que nos pusieron cuando éramos niños adultos y

que de adultos decidimos no repetir con nuestros hijos porque consideramos que hay opciones mejores y educamos en consecuencia. Esto es fruto de:

- Los cambios generacionales. Por ejemplo:
  - A ti no te dejaban ir de campamentos porque era peligroso y ahora envías a tu hija adolescente a estudiar a Irlanda el curso entero.
  - Como padre o madre, incluyes hablar de alcohol, drogas, sexo, aborto y religión en la práctica educativa con total libertad.
  - Tu hijo no se apunta a fútbol porque prefiere ir a clases de baile.
- Una mayor consciencia adquirida, si procedes de una familia con heridas generacionales heredadas. Por ejemplo:
  - Te obligaron a estudiar Derecho porque en tu familia son todos abogados.
  - En tu casa hablar de emociones estaba castigado con la indiferencia o el silencio.
  - Has vivido violencia, física o verbal, en tu familia.

El niño de Berne es el niño espontáneo, que juega, crea y se divierte, que exige y pide. Lo llama «niño libre» porque es el niño en esencia. Cuando este niño se adapta a su entorno, aparece:

- **El niño adaptado o sumiso:** quiere gustar y se adapta a las expectativas adultas.
  - En su parte positiva, se porta bien, colabora y se adapta fácilmente a lo que le dicen.
  - En su parte negativa, no se queja nunca, se adapta a la autoridad sin que sus necesidades sean escuchadas.
- **El niño rebelde o libre:** muestra emociones como alegría, ira, dolor, etc.

- En su parte positiva, es el niño seguro y aceptado incondicionalmente, que se da porque su entorno se lo permite.
- En su parte negativa, es el niño que no tiene freno, que desautoriza al adulto siempre por sistema y que es juzgado.

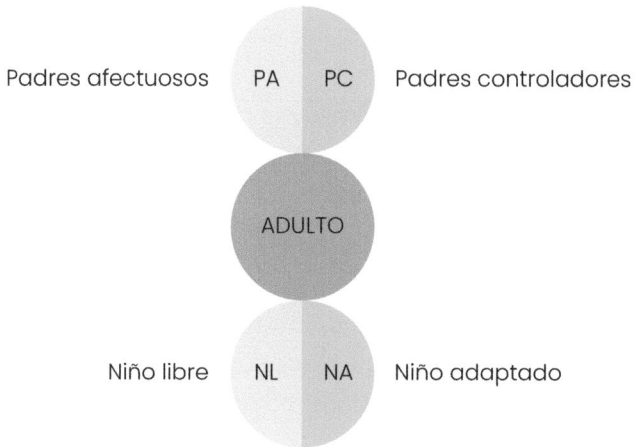

Berne, E. (2016). Game people play, pág. 186

ERES UN SER COMUNICADOR

¿Para qué nos sirve en este libro este trabajo tan interesante de Berne? La habilidad de este psiquiatra fue encontrar un sistema que retrata a la perfección cómo nos comunicamos. Recuerda que no solo te comunicas con los demás, sino también contigo mismo.

El análisis transaccional, de una forma muy simple, te da herramientas que te sirven en tu día a día, ya que **te permiten darte cuenta**. ¿De qué? De tu **piloto automático**. Lo que en este libro yo he llamado «piloto automático», Berne lo llama «guion de vida», pero es el mismo concepto: funcionamos con unos patrones predeterminados, tanto de conducta como de relación con los demás, que se originan en nuestra infancia y de los que derivan nuestras creencias limitantes. Cuando somos pequeños, nos adaptamos al ambiente y establecemos mecanismos defensivos que tienen la función de asegurar nuestra supervivencia. En algunos casos, y por desgracia, clara y literalmente, y en otros, para gustar y agradar a nuestros mayores.

Ya de adulto, y con estas herramientas, puedes empezar a escuchar la comunicación que estableces contigo mismo y con el mundo porque, cuando no es la más saludable, es porque hay una necesidad no satisfecha y lo expresas en forma de malestar, adoptando una de las dos figuras que necesitas detectar: tu niño o tu padre.

TU NIÑO INTERIOR TE NECESITA

En el mundo anglosajón existe un concepto que yo utilizo para trabajar: el *reparenting*. Traducido: convertirte en tu propio padre o madre, en tu figura cuidadora y educadora. ¿El objetivo? **Darte todo aquello que hoy te falta porque tus padres no supieron, no pudieron o no te lo quisieron dar.** El niño crece con heridas que, en su momento, le sirvieron para adaptarse y sobrevivir, pero que hoy le pueden doler y convertirlo en un adulto que sufre. Sufre por autoexigencia, por perfeccionismo, por afán de control, por inseguridad, por falta de expresión emocional, por incapacidad de conexión consigo mismo.

Hoy eres tú quien decides que lo que te faltó (seguridad, validación emocional, flexibilidad, comunicación) no solo te lo puedes dar, sino que debes dártelo. Para ello es indispensable el trabajo personal. ¿Por qué? Pues porque, como no recibiste eso que ahora ves que te falta, no sabes cómo proporcionártelo. Las cosas se aprenden, ¿verdad?

Sé que queda muy posmoderno, pero **pensar bien es tu decisión**. Es tu responsabilidad pensar mejor de lo que piensas. Corregir tus pensamientos automáticos. Nadie puede hacerlo por ti. Solo tú tienes ese poder. Y no digo que sea fácil, pero sí digo que hay que intentarlo, una vez, y otra, y otra. Porque la forma de pensar se educa.

Al convertirte en un adulto, eres tú y no tus padres quien debe educar a tu niño interior para que se dé cuenta de que, según lo que piense, sentirá emociones que lo llevarán a acciones que no lo beneficiarán.

No se trata de pensar mucho, sino de pensar mejor.

EL P.A.N. EN ACCIÓN

Vamos a simplificar el P.A.N. para que lo puedas aplicar muy fácilmente: mientras estás en el trabajo, cenando con tu familia, en una salida con amigos, con tu pareja... Mi propósito es que lo puedas aplicar mientras vives y sin que nadie se dé cuenta. Me encanta poder hacer este ejercicio de esta forma porque me parece un homenaje al señor Berne, que quería que hasta un niño pudiera entender su trabajo.

Cada martes voy a Barcelona a la consulta; el resto de los días tengo la inmensa suerte de poder trabajar en un precioso y amplio despacho que tengo en casa de mis padres, en un pueblo al norte de la ciudad. Ir a Barcelona, con el mundo que estamos creando entre todos, se ha convertido en algo un poco complicado. Mi medio de transporte original, el tren, me dejó colgada más de una vez, causándome muchas molestias en mi agenda, por lo que finalmente decidí que no podía desplazarme más en tren y que debía buscar un aparcamiento en la ciudad para dejar el coche. Lo que parecía un buen plan lo ha dejado de ser porque, a día de hoy, la situación del tráfico ha empeorado y la entrada a la ciudad está imposible a todas horas.

Esta es mi vida los martes. Enganchada al navegador de turno desde la mañana para ver qué panorama tendré en mi trayecto. ¿Qué ocurre cuando el navegador me indica que tardaré cuarenta minutos en llegar al despacho, que es el tiempo normal y sin incidencias? Pues que tienes a una Elena feliz. ¿Qué ocurre cuando, a pesar de que el navegador, al salir de mi casa, me ha dicho que llegaré en cuarenta minutos al despacho, me encuentro alguna vía de entrada colapsada y me comunica que los cuarenta minutos se han convertido en una hora y cuarto? Pues que reacciono.

La reacción es el piloto automático. Y empiezo a escuchar cómo me estoy hablando y qué me estoy diciendo. Ha llegado el momento de activar el P.A.N. Te indico dos ejemplos posibles, con dos voces distintas.

EJEMPLO 1. VOZ 1:

Qué desastre de ciudad, esto cada día está peor. No se puede vivir así, cuando no pasa una cosa, pasa otra, siempre con imprevistos. Llegaré tarde, vaya porquería de día que empiezo. No puedo soportarlo más.

<u>Pasos que realizar:</u>

1. Presto atención a la voz que escucho y soy capaz de darme cuenta de qué me está diciendo.

2. Me pregunto a quién corresponde esta voz. ¿A quién dirías?

   Esta voz 1 corresponde a mi **niña interior**. Contiene queja, impotencia, lamento, demanda («*¡No me da la gana estar aquí parada! ¡No y no!*»).

3. Ahora me toca activar a mi adulto. Me pregunto: ¿qué me diría mi parte más adulta?

   Cuando estamos en situaciones donde las emociones están muy activadas, nos puede costar encontrar esa voz adulta. Recuerda lo comentado en el ejercicio de patrones: intenta imaginar qué te diría alguien que te quiere. En el ejemplo, mi adulta podría decirme algo así como: «*Entiendo que estés enfadada y, efectivamente, el tráfico cada día está peor. El navegador te ha dicho que el tráfico estaba bien, pero con tantos coches es normal que puedan surgir incidencias. Ahora mismo no puedes hacer nada más que esperar. Esto no está en tus manos. Lo que sí puedes hacer es llamar a tu paciente para avisarle de que llegarás tarde. De todas formas, podría ser que llegaras a la hora porque tienes un tiempo de margen. Si no es así, lo arreglas en cuanto llegues. Ahora respira, escucha música, llama a alguien con quien te apetezca hablar».*

Lo que he hecho ha sido lo siguiente:

- He validado las emociones de mi niña, que se ha sentido comprendida. Estar enfadada es normal, porque expresa mi frustración, lo que no puede ser es que me arruine el día.
- He situado el sentido común del adulto como centro del discurso.
- Una vez validado el enfado, propongo posibles soluciones a la situación.
- Doy recursos a mi niña para que pueda recuperar su centro.

EJEMPLO 2. VOZ 2:

Eres un desastre Elena. ¡Menudo desastre estás hecha! Una vez más llegando tarde, ¡qué vergüenza! Ya te vale, parece mentira.

Pasos que realizar:
1. Presto atención a la voz que escucho y soy capaz de darme cuenta de qué me está diciendo.
2. Me pregunto a quién corresponde esa voz. ¿A quién dirías?
   Esta voz 2 corresponde a mi **padre interior**. Contiene riña, reprobación, humillación. Intenta hacerme sentir avergonzada. Por tanto, además de ser la voz del padre,

se trata del padre crítico. Recuerda lo que te he comentado más arriba, el padre que tenderá a salir en tu diálogo interno será este, el más castigador. Equivaldría a lo que también llamamos el «crítico interno».

3. Ahora me toca activar a mi adulto. Me pregunto: ¿qué me diría mi parte más adulta?

En el ejemplo, mi adulta podría decirme algo así: «*Estás siendo muy dura contigo. Hay cosas que dependen de ti y otras que no, y esta es de las que no. Llamarte "desastre" ni te sirve ni es justo. Te puedes plantear cambiar los horarios del trabajo: ir a Barcelona como si empezaras una hora antes y, si no hay incidencias, aprovechar esa hora para hacer algo allí. Cualquier cosa menos hablarte así, porque mereces lo mejor. Aplica la autocrítica constructiva y cambia algo si es que puedes. Y si no puedes hacer nada, tómatelo con calma. Respira. Estás haciendo las cosas bien*».

Lo que he hecho ha sido lo siguiente:

- He puesto límites a mi figura de padre interno, llamándole la atención sobre el hecho de que determinadas expresiones no tocan ni son justas.
- He situado el sentido común del adulto como centro del discurso.
- Me recuerdo que debo aplicar la autocrítica constructiva por si puedo cambiar algo de mi conducta que me ayude a planificar de otra forma los martes.
- Me convierto en la figura del padre nutridor gracias a la intervención de mi adulto.

TU ADULTO TE EMPODERA

La figura del niño interior es nuestra parte más vulnerable y desprotegida. Decíamos que los niños necesitan de los adultos maduros para regularse, y esta verdad también sirve para tu niño interior. Pero con la gran suerte de que el adulto que necesitas lo tienes muy cerquita. Dentro de ti.

Saber respirar, tomar distancia, tomarte un tiempo antes de contestar, activar la escucha y la comunicación asertiva, el sentido del humor, quererte mucho y confiar en ti... Todo eso lo sabe hacer tu adulto maduro. Es alguien que te empodera, te apoya y sabe llevarte de la mano cuando tú te pierdes.

Siguiendo con el ejemplo del apartado anterior, cuando te das cuenta de qué voz se activa dentro de ti, tienes medio trabajo hecho. ¿El otro medio? Empezar a creer que puedes cambiar esa voz tan crítica por tu voz más madura, esa que vive dentro de ti y que eres tú. Se trata de aprender a escucharla. A bajar el volumen en el que vives para poder dar espacio a tu adulto maduro, el que puede y sabe acompañar a su niño. No te pido que tu trabajo personal haga desaparecer a tu niño interior, sino que haga aparecer a tu adulto maduro para acompañarlo. Si rescatas a tu niño interior, empezarás a atender tus necesidades. Te aseguro que, si le escuchas, él, el adulto maduro, te guiará hasta tu crecimiento.

Tener un niño interior divertido, creativo, que se emociona y que juega es un auténtico regalo. Es algo que debemos potenciar en nuestra vida, porque perder al niño es perdernos a nosotros. Conectar con el niño es conectar con nuestra esencia más auténtica, aquella con la que llegamos al mundo, como una hoja en blanco. Cuando aparezca tu niño, y verás que aparece a menudo, que sea para disfrutar y conectar con esa esencia. No para protestar, no para amargarte la existencia, no para que veas el mundo como un lugar injusto que se conjura para hacerte la vida imposible. Porque esto no es así. La vida no es justa ni injusta, la vida es. El sentido de justicia e injusticia es un concepto humano, y si no lo trascendemos, no entenderemos nada de lo que hemos venido a hacer en esta vida.

Los malos momentos llegarán, porque siempre llegan. Los hay que acabarán siendo una anécdota a pesar de que te hayan dolido. Y los hay serios o muy serios. Estos últimos, a pesar del dolor inmenso, te pueden traer un regalo: darte cuenta de todo lo que tienes, de cómo urge aprovechar el tiempo limitado del que dispones y de la necesidad de relativizar lo que, en realidad, no tiene tanta importancia. Cuando tu niño interior pase por un mal momento, y esto sucederá, el regalo será que sepas acompañarlo.

El adulto maduro:

- Me sabe sostener cuando no estoy bien porque valida lo que siento.
- Me da recursos que puedo aplicar, como escuchar la música que me gusta, practicar algún deporte, hacer el ejercicio de patrones en mi libreta de terapia, escribir en mi diario, llamar a un amigo que me hace reír.
- Sabe ayudarme a recuperar el control de mi cuerpo porque me tranquiliza.
- Me hace ver que puedo escoger mi respuesta ante lo que me pasa; me capacita para salir del piloto automático.

LAS HERIDAS INFANTILES

El solo hecho de vivir provoca heridas. Por algo tan aleatorio como el lugar de nacimiento, a unos les tocan vidas más complicadas que a otros, sin que sepamos responder a qué obedece esta arbitrariedad.

Si vivir como adulto ya puede ser doloroso, ahora imagina lo que pueden sufrir algunos niños sometidos a padres enfermos o inconscientes. Son vivencias que terminan ocasionando graves traumas, porque el dolor es de orden mental y corporal. El trauma queda registrado en el cuerpo y provoca que el sistema nervioso simpático, del que hemos hablado, esté especialmente sensible a las posibles amenazas. Estos niños y niñas pueden convertirse en personas adultas constantemente preocupadas por algo o que desconfían de todo, o en personas confundidas, que dedican su vida a demostrar lo que valen, aun a costa de ellas mismas, o en personas sin rumbo, que viven sin más, sobreviviendo.

Recuerdo una mujer, ya mayor, que me contaba con profunda tristeza y resignación que su madre le pegaba porque, al ser la mayor de ocho hermanos, le exigía que se comportara como una adulta, y nunca le permitió ser y vivir como una niña. Me decía que la había perdonado porque entendía que su madre no había podido salir de su propia herida de niña: con tan solo ocho años, había ido a servir a una casa de otro pueblo más grande porque en su familia «no podían alimentar más bocas». Mi paciente no descubrió este hecho hasta hace pocos años, cuando se lo contó una tía, hermana de su madre, al enfermar esta. Si no hay un trabajo de reparación, personas como la madre de mi paciente solo pueden transmitir dolor a las siguientes generaciones. Y, obviamente, esta señora no tenía los recursos ni era el momento social ni cultural para pedir ayuda a nadie. Al estar tan presente el dolor, al convertirse ella en madre, la rabia la dominaba al no poder entender por qué su propia madre la había abandonado.

Estas experiencias dolorosísimas son lo que llamamos «Trauma» con *Te* mayúscula. Pero no podemos infravalorar los «traumas» con *te* minúscula..., que son las heridas infantiles producidas por todo aquello que los niños sufren en sus vivencias diarias y porque los padres (u otros adultos) no saben responder a las necesidades de sus hijos de manera coherente y apropiada. En muchos casos, sin ningún tipo de mala intención, por ignorancia pura y dura, o por falta de educación al respecto. En muchos otros, sus propias carencias infantiles son las responsables de que, hoy, no lo sepan hacer mejor.

Muchas heridas también se producen por la interpretación que los niños hacen de lo que sucede. Como no cuentan todavía con la madurez necesaria para relativizar, son muy literales y muy emocionales. En estos casos, los padres no son conscientes de aquello que sus hijos están interpretando. A mis pacientes que son mamás y papás les recuerdo que los niños son como antenas; todo lo captan. Todo es todo. Esa increíble capacidad que les permite aprender tanto en tan poco tiempo también es la responsable de que las cosas les duelan tanto, porque mucho de lo que observan no lo entienden, puesto que no están facultados todavía para ello. Y se montan sus propias películas.

No olvidemos que educamos desde las acciones, no desde las palabras. Las palabras están muy bien siempre que vayan acompañadas de acciones coherentes, porque los niños son muy listos. Son seres completos que van aprendiendo de nuestro ejemplo.

Cuando ejercemos de padres, la incoherencia entre palabras y actos proviene de la inconsciencia, de la buena fe o del no cuestionarse. Pregúntate cuántas veces no has actuado conforme a lo que realmente crees que deberías haber hecho. Si lo detectas, empieza un trabajo contigo mismo, como madre o como padre, para aumentar la consciencia. Es la mejor inversión que puedes hacer para la vida de tus hijos. La mejor, sin duda.

Nadie nos enseña a ser padres. Recuerdo cuando fui madre de la primera de mis hijas. De repente, sentí una gran responsabilidad hacia una personita que todavía no conocía. Es como apuntarse a un máster y que, de un día para otro, te den el temario, hagas exámenes y las prácticas todo para el mismo día. Tomárselo con calma es la clave. Y aceptar, desde la humildad, que vas a aprender sobre la marcha. Son los secretos de la felicidad maternal.

Lo que está claro es que, si no hay ganas de preguntarse qué se puede hacer mejor, de superarse uno mismo como madre o padre y de ir más allá de la educación que nos han dado, se pueden repetir patrones de forma inconsciente. Patrones que pueden hacer daño.

Tú estás aquí leyendo porque no te da la gana repetir ningún patrón. Si te has convertido en un adulto con heridas de este tipo, ahora te toca hacerte de madre o padre.

LAS CINCO HERIDAS INFANTILES

Lise Bourbeau es una *coach* canadiense que se ha especializado en crecimiento personal con orientación holística: cuerpo, mente y alma son tenidos en cuenta en la misma proporción.

Bourbeau, en su conocido libro *Las 5 heridas que impiden ser uno mismo,* habla de las cinco heridas más comunes de la infancia. Según ella, todos llevamos dentro un niño herido que fue creciendo con traumas. Sus teorías incluyen una visión espiritual de la vida, con la que puedes o no conectar, pero esto ya es asunto de cada uno. Se inspiró en trabajos anteriores del psiquiatra norteamericano Pierrakos, quien sugiere que las personas arrastramos heridas desde pequeños de las cuales podemos no ser conscientes.

Las cinco heridas de Bourbeau, vistas como cinco posibles fuentes de dolor en tu vida, son:

1. El rechazo
2. El abandono
3. La humillación
4. La traición
5. La injusticia

El problema, según Bourbeau, radica en que el malestar que estas heridas provocan hace que las personas necesiten lo que ella llama «máscaras» para protegerse del dolor. ¿Cuál es el problema? Que estas máscaras se expresan en forma de conductas que interfieren negativamente en el día a día.

¿Cómo puede ser que la máscara te perjudique si surge, precisamente, para protegerte de tu herida? Para que lo comprendas mejor, a continuación relaciono cada herida con la máscara y la emoción prevalente que se activa.

Herida de la infancia	Máscara para protegerse del dolor	Emoción	Frase
El miedo al rechazo	Falta de merecimiento	Vergüenza	«No soy suficiente»
El miedo al abandono	La dependencia emocional	Tristeza	«Quiéreme, por favor»
La herida de la humillación	Autodevaluación	Culpa	«Me he equivocado»
La herida de la traición	Control	Desconfianza	«No puedo confiar»
La herida de la injusticia	Rigidez	Enfado	«Tengo el mundo en contra»

Al analizar estas cinco heridas infantiles, nos damos cuenta de que son emociones y sensaciones que todos podemos sentir en algún momento de nuestras vidas. Es inevitable sentirlas, ni que sea de refilón. Cuando te impiden vivir en paz contigo mismo y con el mundo, es cuando es necesario abordarlas en profundidad.

> Cada una de ellas tiene un trabajo personal asociado, porque las heridas pueden ser sanadas.

CORAZÓN O CABEZA, ¿QUIÉN GANA?

Como acabas de ver, cada herida está relacionada con una emoción que puede contener información valiosísima. **Vivir en estados emocionales como los descritos, de forma permanente, es muy dañino para nuestra mente y nuestro cuerpo**. Annie Marquier, matemática francesa y antigua profesora de la Sorbona, dirige en Canadá, desde el año 1982, el Instituto para el Desarrollo de la Persona, donde se trabaja para validar científicamente la consciencia. Hace unos diez años estuvo en Barcelona, en el CosmoCaixa, para dar una charla magnífica y reveladora. Habló del cerebro del corazón como contraposición al cerebro clásico. Contó que el corazón posee un sistema nervioso con más de cuarenta mil neuronas conectadas con el cerebro a través de impulsos nerviosos: la información bioquímica mediante hormonas y neurotransmisores, la comunicación biofísica y la comunicación energética mediante el campo electromagnético.

Y no te pierdas este dato: el campo magnético del corazón es cinco mil veces más potente que el del cerebro y varía según las emociones que sintamos. Se ha demostrado que el estrés (¡sí, el estrés que tú y yo sufrimos tan a menudo!), el miedo, la ira, la desconfianza y la frustración consiguen que este campo magnético resulte caótico. Por el contrario, emociones como el amor, la gratitud o el altruismo hacen que la frecuencia cardíaca sea armoniosa y se sincronice con las ondas cerebrales. El Heartmath Institute de Estados Unidos lleva años investigando sobre corazón y consciencia. Según sus estudios, la coherencia cardíaca es el estado en el que el campo electromagnético del corazón envía información coherente al resto del cuerpo, y lo hace a través de emociones coherentes.

Pero todavía hay más. El campo magnético del corazón se puede percibir y medir a dos-cuatro metros de distancia. ¿No has notado el desánimo o el mal humor de alguien solo con verle, a pesar de aparentar estar bien? Es tu corazón captando los campos magnéticos ajenos.

Por tanto, la variabilidad del ritmo cardíaco (VRC) refleja el estado emocional de la persona e influye directamente en el cerebro. El corazón tiene una capacidad de respuesta más rápida que el cerebro. Esto explica por qué las personas podemos reaccionar de forma instantánea ante algo, y después decimos: «No pensé en las consecuencias». Primero va el corazón, después la cabeza.

Las investigaciones en esta área nos urgen, más que nunca, a tener en cuenta que **alimentar según qué tipo de emociones condiciona todo nuestro cuerpo**. Así que lo mejor que puedes hacer es condicionarte con todo lo positivo y trabajar para que así sea. ¿Recuerdas al abuelo indio y al lobo que podía alimentar? Pues eso. **Tu niño interior debe ser alimentado con lo mejor que tienes**.

DE LOS «QUÉ» A LOS «CÓMO»: DEL «¿QUÉ PASA?» AL «¿CÓMO PASA?»

¡Qué importante es vivir las emociones con sentido! ¡Y qué necesario es comprender **cómo** se producen las heridas en lugar de limitarse a etiquetarlas! Es decir, es clave ver qué las causan.

¿Qué situaciones, muchas de las cuales te han pasado por alto, han provocado heridas en ti?

Pero también, ¿cómo se manifiestan? ¿Cómo me puedo dar cuenta de que están ahí? ¿En qué situaciones actuales continúan saliendo tus heridas? Pueden ser situaciones tan comunes como:

- No me valoro en el trabajo.
- Mi jefe me grita y me bloqueo.
- Tengo una relación de pareja en la que no hay comunicación.
- Procrastino eternamente y después voy como pollo sin cabeza para acabar a tiempo.
- No acepto mi cuerpo.

¿Lo ves claro ahora? Más allá de las clasificaciones, están las vivencias concretas. Pasamos del «qué» al «cómo».

Por ejemplo, la herida de la traición sería un «qué»; el «cómo», que tu madre te decía que vendría a recogerte a la escuela y que, sin avisarte, no venía. Se quedaba con tu hermanito recién nacido en casa y, cuando llegabas, estaban tus primos merendando. Lo que tú interpretabas es que a mamá no le importabas.

HERIDAS ACEPTADAS

Siguiendo este ejemplo y más allá de las clasificaciones anteriores, ¿qué tipo de vivencias muy extendidas y aceptadas producen también heridas infantiles?

- *Papá llega cada día a las once de la noche del trabajo que-jándose de su jefe.*

  Papá le dice a su hija: «Trabajar es esto; no puedo quejarme, me toca aguantar».

  Consecuencia: No aprendo a poner límites.

- *Mamá y papá no se hablan desde hace cuatro días.*

  Mamá le dice a su hijo: «No, Álex, no nos pasa nada. ¿Por qué lo dices? Ve a jugar».

  Consecuencia: Me niegan la realidad. Me vuelvo una perso-na insegura porque me dicen que no es cierto lo que yo veo.

- *Mamá sueña con diseñar joyas, pero vive amargada en su trabajo, haciendo algo que le disgusta profundamente.*

  Mamá le dice a su hija: «La vida es así».

  Consecuencia: No me muestro como soy. Debo hacer ver que soy otra persona distinta a mi esencia. No apuesto por mí ni por mis sueños.

- *El niño llega a casa y les dice a sus padres que ese día en clase se han reído de él porque no ha sabido decir bien la palabra «hamburguesa» y se ha puesto a llorar.*

  Papá le dice a su hijo: «¡¿Por eso has llorado?! ¡Vaya tontería! Venga, que no es nada, ya verás cuando tengas problemas de verdad».

  Consecuencia: Me paso la vida pidiendo perdón por existir. No sé priorizar mis necesidades.

HERIDO VERSUS APOYADO

¿Te cuesta sentir a tu niño o niña interior? Estas dos listas te van a dar pistas sobre si tu niño interior ha sido herido o apoyado. Piensa que, muy probablemente, puedes encontrar características tuyas en las dos listas. Esto te servirá de guía para dirigir tu trabajo de acompañar a tu niño.

¿Cómo saber si tu niño interior está herido?

Tiene un tipo de pensamiento muy rígido: las cosas son blancas o negras.

Se muestra habitualmente pesimista.

Tiene falta de confianza en sí mismo.

Ve el mundo como un lugar inseguro.

Tiene una tendencia a compararse con los demás.

Se victimiza con el silencio.

Tiene mucha facilidad para estar a la defensiva.

Tiene tendencia a culpar a los demás de lo que le sucede.

Su lenguaje interno es despectivo: su padre crítico tiene un volumen muy elevado.

Utiliza el autosabotaje para, inconscientemente, continuar en la queja de que las cosas no le salen.

Tiene incapacidad para poner límites porque le aterroriza disgustar a los demás, y cuando los pone, es porque se enfada y pierde el control.

Se siente muy culpable cuando se prioriza.

¿Cómo saber si tu niño interior se siente apoyado?
Fluye con sus pasiones.
Tiene capacidad para hacer frente a lo negativo.
Es autónomo.
Optimista.
Prioriza poner límites.
Observa sin juzgar.
Se sabe querido y escuchado.
Sabe escuchar y cuidar de los demás.
Sabe cuidar de sí mismo desde la disciplina.
Asume su parte de responsabilidad en los conflictos.
Disfruta con el juego y sabe pasar tiempo con lo que le gusta.
Pensamiento flexible.

CÓMO APOYAR A TU NIÑO INTERIOR

¡Vale, bien! Pero la pregunta del millón: ¿cómo apoyar a tu niño interior? Se trata de un trabajo muy variable, en función de la herida que puedas tener, pero lo que está claro es que conectar con tu niña o niño es conectar con tu esencia.

Te pregunto: ¿qué te gustaba hacer de pequeño? ¿Con qué te entretenías muchísimas horas y el tiempo te pasaba volando?

¿Con qué soñabas? ¿Qué te hacía reír? Todas estas preguntas te sirven para conectar con la vida en estado puro, cuando todavía no había suficientes vivencias que te condicionaran a ser el adulto que hoy eres. Explorar las respuestas a estos interrogantes debe ser algo que te haga sonreír, porque ello significará que has conseguido conectar con tu pequeño.

El juego, las aficiones, las risas, el sentido del humor, la creatividad, la música, el baile, los deportes (que no el ejercicio porque sí), improvisar y sorprenderte con cambios de rutina, con ideas nuevas, aprender, compartir, la naturaleza... Toda esta lista son recursos que te sirven para sentir a tu niño y, gracias a ello, tener la energía y el empuje suficientes para ir trabajando los temas más complejos que te conducen al crecimiento personal. Sentir a tu niño te da la fuerza para abordar lo más doloroso, porque entonces tienes unas ganas enormes de protegerlo.

En terapia, cuando trabajo el niño interior, suelo preguntar a mis pacientes: «Dime, ¿qué harías ahora mismo si por esta puerta apareciera una niña de cuatro años llorando desconsoladamente?». Todos, sin excepción, cambian de cara y aparecen expresiones de ternura y compasión extrema. Me responden: «Me acercaría y le preguntaría qué le pasa». Y entonces yo añado: «Ah, ¿sí? ¿Y cómo se lo dirías? ¿De pie delante de ella? ¿A un metro de distancia?». Y todos me responden: «¡Nooo! Me agacharía, la cogería en brazos y luego me la sentaría en el regazo para consolarla y averiguar qué le pasa». En este punto siempre les digo que no vale eso de decir: «Venga, que no pasa nada». Es el momento de validar las emociones de la niña o el niño, no de negárselas. Por ejemplo: «Entiendo que lo que me explicas te haga llorar. ¿Quieres que te ayude? ¿Y si hacemos esto o lo otro?».

Si sabes hacer todo esto con una niña desconocida de cuatro años, ¡¿qué no vas a saber hacer con tu niña o tu niño interior?!

Los ejemplos siguientes te pueden servir de guía para acompañar a tu niño desde tu adulto maduro.

Tu niño interior	Tu adulto maduro
Llora desconsoladamente	Estoy aquí. Llora. Siente
Se siente atacado	Son historias del ego para protegerte. Toma distancia
Está agotado	Descansa. Respira
Se deja arrastrar por las emociones del otro	Puedes sentirlas, pero no son tuyas
Está muy enfadado	Retírate, haz cinco minutos de respiraciones y vuelve
Se siente culpable por poner un límite	Lo has hecho bien, estás aprendiendo a priorizarte

EL RESCATE

Con todo lo dicho, ¿no te da la sensación de que vas al *rescate* de tu niño interior? En psicología, decimos que «acompañamos» a nuestro niño, le «guiamos» o le «apoyamos». Muy cierto. Pero ¿no me negarás que «rescatar» tiene un carácter más épico? Además, que tú te imagines cual caballero o caballera andante yendo a por el anillo de Sauron, le da un aire formidable a este aprendizaje que te resultará imposible de olvidar.

Te pido que te rescates. Y te voy a enseñar cómo. Paso a paso.

EJERCICIO 5. EL CASO DE JULIA

Julia es una ingeniera de cuarenta y cuatro años y está pasando por un momento complicado. Raúl, su pareja durante veinticinco años, decidió separarse y la dejó sumida en la tristeza más profunda. Nunca había imaginado que algo así podría ocurrir porque le parecía que su relación, a pesar de haber perdido parte de la magia del principio, era buena. Ha sido con el tiempo cuando ha descubierto que eran más buenos amigos y compañeros de piso que pareja.

Parte de la herida que ha sufrido ha sido por la forma en que Raúl planteó la separación. De un día para otro, le comunicó que no se sentía a gusto con la relación y, al día siguiente, hizo las maletas y se marchó. Julia no tuvo tiempo ni de procesar lo que le había dicho. Se despertaba cada mañana con la sensación de que Raúl estaba de viaje; todo le parecía irreal.

Poco a poco, y atravesando el dolor, fue capaz de ir asumiendo que la decisión de Raúl era definitiva y que el hecho de que pudiera haber una tercera persona o no era irrelevante: lo suyo se había terminado. Como se terminan tantas cosas.

Ahora trabaja para que lo sucedido se convierta en aprendizaje. Asume que crecer es un proceso, no un fin. He trabajado con ella su niña interior y ha interiorizado el ejercicio de patrones, el cual practica cada vez que siente malestar. Como sabe que en el ejercicio se activa su niña y debe aprender a llamar a su adulta madura, está más que preparada para trabajar su rescate.

En el **rescate** hay varios preliminares:

- ¿Qué nombre cariñoso usan los tuyos o tú mismo para llamarte? Imagínate: a Susana, Susi; a Andrés, Andy; a Esther, pequeñita. O tesoro, o corazón, o cariño mío. Lo que más te resuene si imaginas a tu niño o niña a tu lado. A mí, en casa me llaman Menà. Sí, mi Elena pequeña es cómo aprendió a llamarse a sí misma, ¿qué quieres que te diga...? Pero ¡me encanta!
- Coge tu libreta de terapia o una hoja en blanco.
- Vas a escribir una carta a tu niño o niña interior.
- Esta carta la vas a tener siempre a mano. Encabézala con este título: *Rescate*.
- La vas a leer, muy lentamente y con consciencia, cada vez que tengas un mal momento.

El objetivo de la carta es mandar un mensaje a tu niña o niño interior, pero desde tu yo adulto. Le vas a decir todo lo que necesita escuchar, y lo harás tú, no yo como tu psicóloga.

Esta es la fuerza del ejercicio, que sea tu propia voz la que se dirija a tu niño. Tu adulto debe acoger a tu niño herido porque es él quien tiene la capacidad de sostenerlo, de consolarlo y de mirar lo que siente de una forma distinta.

Normalmente, cuando hacemos terapia, asumimos muchas tareas o consejos, porque es «lo que me ha dicho mi psicólogo que haga». Es verdad que tu psicólogo tiene mucha fuerza en ti, pero, en mi opinión, tu propia voz tiene mucha más. Esta fuerza es la que vamos a aprovechar en este ejercicio.

¿Qué es lo que escribió Julia en su rescate?

Querida Ju:

Sé que si me estás leyendo ahora es porque no estás demasiado bien, porque te encuentras mal o porque no estás pasando por un buen momento. Lo primero que quiero hacer es felicitarte por coger esta carta que hoy te estoy escribiendo, porque, aunque igual no tienes ganas de nada, has tenido la fuerza para rescatarte. Eres una crack.

No estás bien, y lo sé. Pero ahora mismo yo, tu adulta madura, Julia, te estoy escribiendo para ayudarte. Eres mi niña y te quiero acompañar y te acompañaré siempre. Siempre voy a estar a tu lado, aunque, como tú, todavía esté aprendiendo y, a veces, te haya dado la sensación de que no estaba. No sabía hacerlo mejor, pero estoy en ello.

Quiero recordarte que has pasado momentos igual o más duros que el de ahora, y has tirado adelante. También lo harás ahora. Has aprendido muchas cosas en este tiempo. Cosas que, cuando una está mal, olvida. Lo sé, si es que lo sé, pero para eso estoy yo, aquí, ahora, escribiéndote. Me toca recordarte no solo todo lo que sabes hacer, sino que lo haces bien. Recordarte lo que vales, que es muchísimo.

La ruptura con Raúl te ha hecho llorar mucho. Te dejó con la sensación de que no valías nada, pero has aprendido que eso no es cierto. Vales mucho. Tienes a tu familia, a tus hijas, a tus amigas Laura y Álex, a tus amigos del teatro, y eres una persona muy valorada en el trabajo. Tienes esa risa tan tuya que ilumina los espacios en los que estás. Siempre tienes la palabra adecuada para animar a los que quieres, tu opinión es tenida en cuenta por todos; quieres y eres querida.

Hoy me toca recordarte todo esto que tu cabecita olvida tan a menudo. ¡Ay, ayyy…! Pero también estoy aquí para animarte a que hagas cosas que las dos sabemos que te funcionan. Llama a Laura, envíale un mensaje, o ¿qué tal si organizas en casa una cenita de esas tan cuquis que solo tú sabes hacer y la invitas a ella y a Álex? Venga, coge el teléfono y hazlo ahora mismo.

Puedes ir a correr en cuanto salgas del trabajo. Te encanta pintar, eras la reina del pincel en clase, ¿recuerdas? Ganabas todos los concursos de dibujo. Abre la aplicación de meditación y medita, aunque sean dos minutitos, que lo importante es la intención. Respira, respira y respira. Sabes hacer la respiración 4-7-8 porque cada día la haces tres veces. Pues hoy hazla veinticinco veces, si hace falta, porque sabes que te relaja un montón. Escucha a UB40, que te encantan, y baila un rato. Llama a mamá, que siempre está con nosotras. Compra unas flores de las que te gustan. Juega con Xaneca, que es el gato más amoroso que hayas conocido. Haz el ejercicio de patrones si tienes pensamientos que no te dejan respirar y te hacen sentir muy mal. Sabes que dejar los pensamientos en el papel es una forma de liberarte: ¡hazlo!

Ju, eres un amor de niña, eres la mejor. Te quiero y te quiero y te quiero.

¿Qué te ha parecido mi carta? ¡Me he esforzado, eh! Porque sé que eres tozuda y que, si no me lo curro, tú, ni caso, que nos conocemos.

Haz una sola de las cosas que te he recordado que te gustan. Una sola. Y me darás la razón en que te ha servido.

Ju, la vida te espera, porque tú sabes vivirla. Lo estás haciendo muy bien. Eres mi crack.

Te quiero más que a nada en el mundo.

Julia

Mis pacientes hacen este ejercicio con amor. Lo preparamos juntos en terapia, pero ellos lo terminan en casa, con tranquilidad. Cuando nos volvemos a ver, me emociono. Cada vez que alguien me lee su carta, alucino con la ternura, la delicadeza, el amor y la comprensión con la que se dirigen a sus niños y niñas. Saben acompañarse.

Tienes muchísimo potencial en ti. **Cuando aprendes a cuidar de tu niño interior, sacas lo mejor de ti**. Con este ejercicio, te das cuenta de lo que vales, de cómo sabes acompañar. Te lo crees. Te has empoderado.

«Mis acciones son mis únicas verdaderas pertenencias. No puedo escapar de las consecuencias de mis acciones. Mis acciones son el suelo sobre el que me mantengo».

THICH NHAT HANH,
Comprender nuestra mente

CAPÍTULO 6:

ATREVERTE: NO SOY LO QUE PIENSO, NO SOY LO QUE SIENTO, SOY LO QUE HAGO

En el segundo capítulo te he hablado del cuerpo y de lo importante que es recuperar la conexión con él para poder acceder a toda su sabiduría. En los capítulos tres y cuatro te he hablado de la cabeza privilegiada que tienes y de tu capacidad de pensar, pero, sobre todo, de cómo pensar bien, para que tu mente te sirva.

Llegamos al capítulo seis, donde el invitado estrella, por derecho propio, es la acción. Te he ido hablando de ella a lo largo del libro, y te he remarcado la importancia de actuar.

Es importante recordar que la acción no debe iniciarse desde la impulsividad, sino desde la consciencia, ya que si actúas con el piloto automático puesto, tendrás la sensación de que haces las cosas sin pensar. No existe espacio entre tus pensamientos y tus actos si te mueves por impulsos. En cambio, si actúas desde la consciencia creas un espacio que hace posible la elección, puedes hacer una pausa breve que te permite observar y decidir qué es lo que te conviene.

En este capítulo te hablaré de iniciar la acción: de **atreverse**. Y también de lo que significa no dar ese paso: traicionarse.

¿QUÉ ES TRAICIONARTE?

Traicionarnos es algo que la gran mayoría tendemos a hacer. Y traicionamos especialmente a nuestro niño interior, lo más sagrado que vive dentro de nosotros. ¡Cuántas veces lo decepcionamos al no saber acompañarlo, cuando ignoramos nuestros deseos!

Nos traicionamos cuando, para ser queridos, fingimos ser alguien que no es nuestro yo auténtico. Las personas deseamos, más que nada en el mundo, ser queridas por los demás, para sentirnos aceptados, escuchados, tenidos en cuenta, cuidados, mimados... Cuando somos niños, esta necesidad la satisfacen nuestros padres o cuidadores, pero lo cierto es que, en ocasiones, lo hacen sin consciencia (los traumas generacionales hacen que nuestros progenitores hagan lo que pueden). Años más tarde, nosotros podríamos llegar a replicar lo mismo con nuestros propios hijos, ya que las herramientas que nos fueron dadas son, a veces, pocas o nulas.

En nuestra infancia nos modelan para que nos convirtamos en aquello que se espera de nosotros: «Tienes que sonreír», «Los niños no lloran», «Las chicas deben ayudar en casa», «Serás un gran médico», «Serás el mejor en tu equipo de fútbol», «No hables de tus cosas», «Tu opinión no importa», etc. ¿Alguno de estos mandatos tiene algo que ver con lo que verdaderamente deseamos nosotros?

Y no solo eso. Desde pequeños observamos que nuestros padres también se traicionan a ellos mismos y aprendemos a hacerlo como lo hacen ellos, porque son nuestros referentes. La madre que permite que su suegra le diga cómo tiene que llevar la casa, las comidas familiares donde parece que todo el mundo se lleva bien, el trabajo que el padre no soporta, pero que no deja, el tío que consume demasiado alcohol, el abuelo que se burla de su hijo ante su silencio... Todas estas son formas de traición hacia uno mismo que los niños presencian cada día. ¿Cómo no van a aprenderlas?

La traición hacia uno mismo también puede ser íntima; por ejemplo, tratando de aparentar ser alguien que no somos, intentando ser perfectos o tragándonos un disgusto sin decir palabra. Estas traiciones íntimas, que fácilmente podemos reconocer, provocan que no podamos fiarnos de nuestra propia palabra. ¡Qué fuerte que no pueda fiarme ni de mí mismo! Pero sucede. ¿No me digas que nunca te has comprometido a empezar el gimnasio el día siguiente y, cuando es el día, te has quedado en casa porque tenías «otras mil cosas que hacer»? ¿Y no me digas que no te sentiste fatal fallándote a ti mismo?

El malestar que te inunda cuando no haces algo que deseabas hacer no solo te causa enfado, sino también tristeza. La tristeza se desencadena al sentir que cada día estás traicionando a tu niño interior, abandonándolo y haciendo que se sienta profundamente solo e incomprendido, sin permitirle expresar su verdadera esencia.

La clave para dejar atrás la autotraición es **ponerte límites (¡a ti mismo!) y fijar y cumplir pequeños objetivos diarios**. El trabajo consiste en recuperar la esencia de quién eres y poderla expresar libremente. Ello te conducirá a la paz que anhelas.

¿Qué pistas tienes para saber si te estás traicionando?

Te aterra poner límites.

Tienes una baja autoestima.

Tu vida es una montaña rusa de emociones: ahora estás *on fire*, ahora estás por el suelo.

Eres la duda eterna.

Buscas la aprobación a la hora de tomar decisiones.

En tus relaciones, tú eres quien da más.

Te comparas constantemente.

Sientes resentimiento muy a menudo.

Tienes la sensación de ser siempre el último.

Si te sientes sobrepasado, quieres desaparecer.

No sé si te sientes identificado con algún punto, con ninguno o con todos. Pero mucho cuidado, porque cuando empiezas a boicotearte, la rueda que se inicia parece no tener fin.

Fíjate en cómo empieza y cómo termina esta secuencia que te indico:

No pones límites porque permites que los demás te digan lo que tienes que hacer.

Como no haces lo que tienes que hacer (¡acción!), tu autoestima está por los suelos.

Como la autoestima está baja, tu vida emocional está de vacaciones en Cancún.

Al estar en Cancún, dudas de todo, porque las emociones no te dan pistas para actuar. Por ello necesitas la aprobación externa.

Al vivir enfocado hacia afuera, y con el fin de sentirte querido, das, das y das, hasta que ya no sabes lo que tú necesitas (¡tú!).

Y, claro, te sientes mal, te estás comparando con otras personas todo el santo día y terminas pensando que eres lo peor.

Como te sientes lo peor, no conectas con lo mejor de ti, y los demás te tienen poco en cuenta (si tú crees que no vales, ¿cómo no lo van a creer los otros?).

Con este panorama, quieres desaparecer, ir a un lugar donde no te encuentren, y como ir al desierto más remoto no es fácil ni barato, terminas languideciendo el fin de semana entero en el sofá, delante de la tele, con la sensación de que tu vida es un fracaso.

Con este panorama, solo puedes «hacer algo».

HACER ALGO = ACCIÓN

El fracaso no es una opción porque el fracaso no existe. Solo existe en tu mente.

APRENDIZAJE VERSUS FRACASO

Vivir en sociedades como la nuestra, donde todo tiene que ser bonito, fácil, rápido y emocionante, no ayuda. El problema es que creemos ciegamente en la realidad engañosa de los *tiktoks* y de las historias de Instagram y asumimos, erróneamente, que solo a nosotros nos cuesta conseguir lo que queremos.

Que sí, que a todos se nos queda cara de tontos cuando vemos estilos de vida en las redes sociales que querríamos para nosotros y que no somos capaces de conseguir. Cuando vemos retos que otros cumplen y admiramos los resultados que tanto anhelamos. En la ventana de la red social, tooodo parece fácil. Incluso cuando vemos el sufrimiento ajeno (alguien corriendo un maratón o entrenando a las cinco de la mañana), nos decimos: «¡Qué suerte tiene de poder hacerlo!». ¡Como si nosotros no fuéramos capaces! Y sí que lo somos. Otra cosa es que queramos o nos interese correr un maratón.

Vivir nos cuesta a todos, incluidos aquellos que parece que tienen la vida resuelta. También ellos sufren, aunque no lo demuestren. Todos, sin excepción, lidiamos con problemas de todo tipo, y si bien hay quien se salva de determinados asuntos complicados, como puede ser el dinero, no hay nadie en el planeta que no sufra pérdidas. El dolor es universal y está vinculado al hecho de vivir. Lo que sí que puede variar es cómo vivimos el dolor cada uno de nosotros y si lo transformamos en sufrimiento o no.

En la era de las redes sociales y la hipercomunicación, es difícil no caer rendidos ante los encantos del éxito ajeno que nos narran las veinticuatro horas del día, los siete días de la semana, los 365 días del año. Imagina a tu bisabuela en el balcón de su casa, día y noche, ya lloviera o hiciera sol, ya fuera verano o invierno, enterándose de los movimientos de todos los de su pueblo. Probablemente, habría necesitado unas vacaciones de seis meses en las Maldivas para recuperarse de tanta información. Pues así vivimos tú y yo, y continuamos como si nada.

Con el éxito ajeno durmiendo en tu cama, te pasa lo siguiente:

1. Te sientes el último tonto que no tiene éxito; éxito fácil, se entiende.
2. Te sientes presionado para dejar de ser el último tonto.
3. Cuando tienes una oportunidad para construir éxito, te acoquinas, te haces pequeño.
4. No lo intentas porque el miedo te inunda.
5. Te sientes más frustrado.

Cuando estás en el punto tres, tienes más de una posibilidad:

a. Lo intentas con poca confianza.
b. Si no te sale bien a la primera, como suele ocurrir —algo que no debería hundirte—, te rindes y te sientes muy frustrado.

LA VERGÜENZA TE DESACTIVA

Hay una emoción muy potente que aparece en los casos en que tenemos miedo a intentar hacer algo: la vergüenza. La vergüenza, que lo sepas, es de las emociones que vibran más bajo, que te hace más invisible, la que te deja más en evidencia, aunque parezca un contrasentido. Porque los demás, que no entienden qué te pasa, no comprenden tu actitud.

La vergüenza es una herida infantil que proviene de vivencias en las que sentiste que no eras suficiente. Si esta sensación se ha repetido y repetido, y ningún adulto te ha ayudado a darle la vuelta, aparece el sentimiento de «no soy suficiente, no valgo, no soy como ellos, no alcanzo su nivel, su gracia, su aspecto, sus notas, sus logros...».

La vergüenza se trabaja con la exposición, es decir, exponiéndote a pequeñas situaciones en las que te sientas realmente incómodo. Sí, lo sé. Si siento vergüenza, ¿cómo voy a arriesgarme a mostrarme si eso es lo último que deseo hacer? Pues sí, me sabe mal confirmarte que no hay otra salida a la vergüenza que no sea esta. Puedes hacerlo amorosamente, empezando por retos que sean fáciles, y después ir incrementando la dificultad. Te aseguro que funciona.

Un día, una de mis pacientes me contó que no quería empezar a ir al gimnasio porque le daba mucho apuro tener que usar las máquinas de la sala de musculación delante de la gente porque no sabía cómo funcionaban. Pero, aun así, finalmente un día decidió apuntarse e iba al gimnasio en horas de poca afluencia, aunque no le fuera bien a ella, para evitar sentirse observada. Aun así, había gente en el gimnasio y solamente cogía la pesa o la máquina cuando nadie miraba. Se pasaba el rato controlando los movimientos de los demás. Una tarde llegó a la consulta y me dijo que ya había tenido suficiente, que dejaba el gimnasio. «Claro —le dije—, no me extraña. Esta tensión es insoportable». Hablamos largo y tendido sobre la necesidad de exponerse. Ella quería ganar músculo, así que tenía que ir al gimnasio a levantar peso. Ideamos un último intento: hablar con el responsable de la sala de musculación y explicarle que no sabía cómo tenía que usar las máquinas. Ella quería morirse solo de pensar en hablar con el monitor de sala y contarle lo que le ocurría, pero el caso es que al final se lanzó. Te prometo que a partir de aquel día se acabaron sus problemas, y hoy está en el gimnasio como pez en el agua. Claro que prefiere los días de menos afluencia, pero el público ya no le impide ser ella. Poner encima de la mesa su sentimiento de insuficiencia hizo que este empezara a desaparecer.

Este mecanismo pasa con todo.

Otra paciente, atemorizada por sus problemas con el cálculo mental a pesar de tener dos carreras, se convirtió en la profesional segura y valiosa que siempre había sido, el día que se atrevió a comunicar a sus jefes y compañeros que, en las reuniones, ella informaría sobre los datos de venta usando la calculadora. Hasta entonces, no se había atrevido a utilizarla para ocultar sus inseguridades con los números, que la hacían sentir insuficiente. Se pueden tener problemas de dislexia y discalculia y ser muy inteligente. A ella, de pequeñita, le habían hecho creer que tenía problemas de capacidad intelectual por su dislexia, y tenía tanta inseguridad que lo escondía. Y eso no le permitía brillar. Recuerda: todo lo que se reprime sale con fuerza.

Si aceptas los pequeños retos, ten por seguro que escucharás la voz de tu ego, de tu identidad original, intentando protegerte. Protegerte... porque te quiere en tu zona de confort, claro. Aquí toca cuestionar esta voz, si no, estás perdido. Tienes que cuestionar sus miedos, solo tú puedes hacerlo. Atrévete y da el paso que te conducirá directamente a algo maravilloso: poco a poco, empezarás a creer que vales mucho. Porque vales mucho.

LAS GRANDES BIOGRAFÍAS ESCONDEN GRANDES FRACASOS

Existen muchos casos conocidos de personajes públicos de éxito que fracasaron varias veces antes de triunfar. Personas como tú y como yo que no se rindieron y que nos pueden enseñar mucho. Porque lo que les pasó a ellos no es tan distinto a lo que nos puede pasar.

A menudo les digo a mis pacientes: «Las grandes biografías esconden grandes fracasos», pero acabaron siendo grandes biografías porque estos fracasos les condujeron a valiosos aprendizajes. Porque se atrevieron y no se rindieron.

De Walt Disney, el creador de los estudios de animación más famosos de la historia, se dice que fue una persona muy testaruda y ambiciosa. El cierre de sus dos primeras empresas no lo amedrentó y fundó The Walt Disney Studios. Sin embargo, antes de despegar, el estudio cinematográfico sufrió serias dificultades económicas y comerciales, así como la pérdida de los derechos del predecesor de Mickey Mouse: Oswald, el conejo afortunado. En palabras de Walt Disney, «Si puedes soñarlo, puedes hacerlo. Recuerda que todo esto comenzó con un ratón».

Gisele Bundchen contó que fue rechazada cuarenta y dos veces por la industria de la moda. Cuando tenía catorce años, los agentes le dijeron que su nariz era demasiado grande y sus ojos demasiado pequeños. ¿Su respuesta? «Tengo una nariz grande y esto viene acompañado de una gran personalidad». Durante toda una década ha sido la supermodelo mejor pagada del mundo.

Thomas Edison fue el gran inventor de su tiempo. En 1879 presentó un modelo de bombilla incandescente que mejoraba la bombilla eléctrica, pues duraba más de catorce horas encendida. Sin embargo, se dice que tuvo que experimentar diez mil veces con materiales distintos hasta conseguirlo. Según cuentan, cuando un periodista le preguntó por sus 9.999 fracasos, ni corto ni perezoso Edison respondió: «No he fracasado, solo he descubierto 9.999 formas que no funcionan».

Henry Ford, fundador de la empresa automovilística Ford, dijo una vez: «No busques los errores, busca el remedio». Ford es conocido por su resiliencia, la capacidad de levantarte cuando te caes, de aprender de los errores, de no desistir y sí persistir cuando todo parece ir mal. Son famosas sus frases sobre el éxito y el fracaso. ¿Qué te parece, para inspirarte, esta otra?: «Fracasar es la oportunidad de empezar de nuevo de una manera más inteligente. Frente a los malos resultados, podemos abandonar o decidir volver a intentarlo».

Vera Wang es una de las diseñadoras de moda más influyentes de nuestra época. Pero empezó su carrera de la forma más inesperada, cuando aceptó un trabajo en la revista *Vogue* después de no ser seleccionada como patinadora en el equipo olímpico de Estados Unidos. Tras trabajar más de quince años en la revista, dejó su puesto al no ser ascendida a redactora jefe. Este segundo rechazo la impulsó a abrir, con cuarenta y un años, su propio taller de costura mundialmente conocido por sus vestidos de novia. Entre otras, Victoria Beckham, Jennifer Aniston, Sharon Stone y Uma Thurman se casaron con sus diseños.

LAS DIFICULTADES: OBSESIÓN, NO; PREVISIÓN, SÍ

No hay destino sin camino.
No hay viaje sin mapa.
No hay proyecto sin planificación.
Y no hay reto sin miedo.

En el proceso de ver cumplidos nuestros pequeños y mayores deseos, la fuerza de voluntad aparece siempre como la protagonista. Y en verdad es algo maravilloso porque nos ayuda a superar retos y alcanzar metas que nos iluminan el camino…, pero ojo con que no se convierta en algo obsesivo y frustrante el «no tengo fuerza de voluntad».

La sociedad, de nuevo, alimenta obsesiones que complican el mantener nuestra determinación. Por un lado, nos anima a que vayamos hacia el blanco, mientras nos tienta con el negro. Por ejemplo, nos dice que la mujer ideal es delgadísima, mientras que nos atiborra de publicidad de comida nada saludable; nos invita a realizar diez mil pasos diarios, mientras nos da mil artefactos que nos permiten no movernos o que nos tientan a permanecer tumbados en el sofá; nos convence de que debemos ir al gimnasio, practicar yoga y hacer veinte minutos de meditación, pero tenemos que trabajar ocho horas al día para poder pagar la hipoteca y cuidar de nuestros hijos… Es un mundo muy incoherente el que hemos montado. Muy alejado de la lógica natural, que es la que nos conecta con nuestra esencia más biológica, la más animal, si la quieres llamar así. Nuestro cerebro no ha evolucionado tanto como para valorar elementos, para él tan superfluos, como que te queden bien unos pantalones o salgas impecable en las fotos de Instagram. Tu cerebro simplemente te quiere vivo, vaya.

En estas circunstancias, mantener la fuerza de voluntad puede costarnos. Sin embargo, es posible reforzar nuestra determinación y compromiso con otras herramientas que nos hagan el camino más llevadero. Voy con una de la que se habla poco: la **anticipación**. Hablé de ella en la charla TED sobre reinventarse que di, ya que es uno de los seis elementos clave para atreverse.

¡ANTICÍPATE!

Pensar en todos los posibles obstáculos que te vas a encontrar es garantía de éxito en cualquiera de los pequeños o grandes proyectos personales que vayas a emprender: empezar con el deporte, atreverte a cambiar de trabajo, apuntarte a baile, estudiar a los cuarenta... Así, para cada obstáculo, debes tener pensada una solución. Te pongo un ejemplo muy común.

EJERCICIO 6. ALBERTO

Alberto decidió que, por salud y para sentirse bien con su cuerpo, quería iniciar un cambio de alimentación. Llegó preocupado a mi consulta porque sabía lo que le iba a costar. Pero, sorprendentemente, lo que le preocupaba no era lo que comería o dejaría de comer, sino el impacto de este cambio en su vida social. ¿Qué es lo que planteamos? Le pedí que preparara una lista de todas las dificultades a las que tendría que hacer frente hasta llegar a conseguir su objetivo. No protestó porque confiaba en que, si se lo decía, era por algo, pero sí que me miró largamente y me dijo: «Elena, ¿no me desanimaré antes de empezar si hago la lista?». Como es la típica pregunta, le sonreí y él comprendió que había que hacer esa lista.

Cuando abordamos su lista, ¿cuáles eran los obstáculos?

• *Cada día como en la empresa con mis compañeros. Comemos de menú y no hay demasiadas opciones.*

- Si no como con mis compañeros, me quedaré solo.
- Cuando salgo con mis amigos, siempre tomamos unas cañas. Ahora no podré hacerlo. No sabré qué decirles.
- Tengo dos amigos que, cuando alguien no bebe alcohol, lo presionan. Si me presionan, no sabré poner límites.
- Dentro de dos meses será Navidad; montaré el número con mi familia si no como los canelones de mi abuela.
- Mi desayuno diario siempre incluye dulce.
- Soy adicto a las bebidas carbonatadas, me dan energía.

Ya teníamos lo que él preveía que le iba a costar. Le expliqué que, cuando nos enfocamos en un objetivo, cometemos un error que conlleva nefastas consecuencias: olvidamos las dificultades con las que nos vamos a encontrar. ¡Que levante la mano quien no encuentre ni una sola dificultad a la hora de acometer algo en la vida! Vivir de forma naíf está muy bien, pero es poco efectivo. Vivir con perspectivas catastróficas tampoco es lo más recomendable. El secreto está en el punto de sal. Con poca sal, no sabe a nada. Con mucha sal, no se puede comer.

Cogimos de nuevo la lista. Él debía hacer una nueva tarea. Al lado de cada obstáculo, tenía que indicar un posible recurso. Entendamos por recurso una posible solución.

El resultado fue el siguiente:

OBSTÁCULO	RECURSO
Cada día como en la empresa con mis compañeros. Comemos de menú y no hay demasiadas opciones.	Puedo acercarme al restaurante y comentarles lo que puedo comer y lo que no, a ver si tienen una solución. En el caso de que no, prepararé la comida en casa y la llevaré cada día en un táper. Sé que hay un grupo que come en la oficina. Conoceré gente nueva.
Si no como con mis compañeros, me quedaré solo.	Mis compañeros me aprecian, puedo quedar con ellos algún día puntual. Y puedo acercarme cada día a tomar el café.
Cuando salgo con mis amigos, siempre tomamos unas cañas. Ahora no podré hacerlo. No sabré qué decirles.	Hago una lista de todas las bebidas que me gustan y que no llevan alcohol. Me preparo una explicación corta para decirles que estaré una temporada sin beber. Me recuerdo que estoy aprendiendo a poner límites y que esta es una oportunidad para practicar.
Tengo dos amigos que, cuando alguien no bebe alcohol, lo presionan. Si me presionan, no sabré poner límites.	Con estos dos amigos no vale la pena gastar energía en poner límites. Les digo, y tengo la frase preparada, que por indicaciones del médico no puedo beber alcohol.

Dentro de dos meses será Navidad; montaré el número con mi familia si no como los canelones de mi abuela.	Voy a ver a mi abuela unas semanas antes de Navidad y le explico mi nueva alimentación. No esperaré al día de Navidad para encontrarme que no sé qué hacer o decir.
Mi desayuno diario siempre incluye dulce.	Se lo he contado a mi nutricionista y me ha dado muchas y deliciosas alternativas de dulces que sí puedo comer y que no son el cruasán de turno.
Soy adicto a las bebidas carbonatadas, me dan energía.	Leo sobre los efectos de este tipo de bebidas en el cuerpo y comprendo que me estoy haciendo daño. También entiendo que el azúcar que contienen es lo que me provoca el chute de energía, pero también la caída posterior, que me lleva a tener ganas de volver a consumirlas.

Debo confesarlo: este ejercicio tan sencillo me parece brutal. Me encantan las cosas simples porque esconden grandes recompensas. Te aseguro que no conozco a nadie al que este ejercicio no le haya cambiado la perspectiva sobre las dificultades.

La clave del ejercicio, y te la pongo en mayúsculas: **¡¡¡NO IMPRO-VISAR!!!** Es fatal. Si algún paciente mío me está leyendo, sabe que repito muchas cosas como un loro —ya sabes, ¡el secreto del hábito es la repetición!—, y una de las que repito es: «Te convocan a una reunión de trabajo. ¿Vas a la reunión en plan *chill*, sin preparar nada? Nooo, nunca lo harías. En el trabajo nos tomamos las cosas muy en serio. Lo llevarías todo preparado, pedirías de antemano la información que necesitarías para la reunión, etc. Vamos, todo lo que **no** haces cuando se trata de tu vida emocional».

Un estudio sobre adelgazamiento publicado en la revista americana *Personality and Social Psychology* concluyó que los participantes del estudio que tenían un plan de acción detallado y que trabajaban su autoestima perdían más peso, mientras que no resultaron determinantes en la pérdida de peso factores *a priori* importantes como percibir que su salud dependía de ellos o pensar que si adelgazaban podían tener más éxito y que podrían mejorar su autocontrol (por ejemplo, no comer esto o lo otro).

El ejercicio de mi paciente era un plan de acción. **Es el plan de acción lo que activa todos tus recursos.**

PARÁLISIS POR ANÁLISIS

Retomando el miedo que surge al percibir las dificultades en aquello que te propones, debes asumir dos puntos importantes.

El primero de ellos es que en toda decisión que debas tomar tienes un riesgo muy común: el llamado **análisis-parálisis**. ¿De qué se trata? Normalmente, a no ser que seas un niño o un adolescente, antes de hacer algo, lo piensas. Si este algo es importante, pasas a la siguiente fase: reflexionas sobre ello. Y si el algo es todavía más importante que el miedo que te da, hay aún otra fase: el análisis.

Las personas analizamos para sentirnos seguras respecto a una posible acción. Imagina, por ejemplo, que tienes que analizar si te conviene dejar el trabajo para apostar por tu proyecto personal. Para ello, haces números, calculas cuánto tienes ahorrado por si tu apuesta tarda en dar frutos, te proyectas en el futuro, haces gestiones con tu banco y con los posibles inversores o clientes. Analizas todo aquello que está en tus manos. Una vez analizadas todas las circunstancias, el siguiente paso debería ser lanzarte, descartar el proyecto o posponerlo para cuando las condiciones sean más favorables.

¿Qué pasa cuando hay una parálisis por análisis? Pues que la persona es incapaz de decidir. Se bloquea en un exceso de análisis, temiendo que no lo haya hecho bien o esperando que en el siguiente análisis (normalmente el decimocuarto) los planes salgan mejor, y —ahí, ahí— los miedos desaparezcan.

Y no, querido lector, los miedos no van a desaparecer, porque solo desaparecen cuando actúas. Les digo a mis pacientes indecisos ante un análisis eterno que, si están esperando a no tener miedo para actuar, mejor quedamos en el año 2052, y comprobarán que aún están en la misma situación. Las cosas se hacen con miedo y a pesar del miedo. No hay más secreto.

Ahora que el titular ya está aquí, te pido que te grabes en esta cabeza tuya tan llena de pensamientos contradictorios: **las cosas se hacen con miedo y a pesar del miedo**.

Y aquí aparece el segundo de los puntos que te anunciaba al principio de este apartado: hay que poner un tope temporal al hecho de tomar una decisión. Te lo explico. En el caso anterior estabas pensando en dejar el trabajo para apostar por tu proyecto personal, por lo que tendrías varias o muchas cosas que analizar. Esto es correcto. Pero (y el «pero» es lo que importa ahora) una vez analizado todo el detalle, tendrías que fijar una fecha límite para decidirte. Por ejemplo: el 29 de enero me obligo a tomar una decisión. Quien dice el 29 de enero dice el 29 de julio, el 18 de noviembre o el 22 de diciembre. Escoge. Fecha decidida y compromiso contigo mismo adquirido. Te digo, y lo afirmo con rotundidad, que lo que no tengas analizado en la fecha decidida ya no lo vas a tener. Porque ahora, llegada tu fecha límite, ya solo quedan tus miedos. Toca actuar, lanzarse y atreverse.

Recapitulando:

- **riesgo = parálisis por análisis.**
- **antídoto = fijar fecha límite para iniciar la acción.**

Me da igual si se trata de tu proyecto personal, de declararte a la persona que te gusta (¡cuántas parálisis por análisis provoca el declararse!) o de tirarte del trampolín. Sirve para todo tipo de decisiones.

Vistos los dos puntos importantes, ¿buscamos alguna solución? Nuevamente vamos con un ejercicio muy sencillo, que te servirá para cualquier problemática cotidiana en la que te sientas bloqueado o con miedo. Le llamo «pre-post» y ahora verás el porqué.

EJERCICIO 7. PRE-POST

Te propongo un ejercicio que funciona muy bien, porque al exponerte al problema de forma intencional y evaluar el resultado, obtendrás conclusiones y evidencias contra las que no podrás excusarte por más tiempo.

Lo haremos de nuevo con papel y boli. Empezamos.

Tienes algo próximamente que te inquieta, que te tiene de los nervios. Por lo que sea. Lo llamaremos «acontecimiento X». Debes contestar a las siguientes preguntas que te planteo en dos momentos distintos: antes del acontecimiento X (pre) y una vez pasado el acontecimiento X (post).

Pre:
- ¿Qué emoción se activa cuando piensas en el aconte-cimiento X?
- Del 0-10, ¿cuál sería la intensidad de la emoción?
- ¿Qué es lo peor que podría pasar?

Post:
- ¿Qué emoción sientes una vez que ha pasado el acon-tecimiento X?
- Del 0-10, ¿qué puntuación le pondrías ahora a la emo-ción del pre?
- ¿Qué has aprendido?
- ¡Felicítate! Con ganas y por escrito. Ahora levántate, busca un espejo y repite en voz alta la felicitación.

La potencia de este ejercicio tan sencillo es que te das cuenta de que todo lo que anticipas antes de afrontar algo complicado proviene de tu película mental. Esto no significa que, en algún caso, no exista una parte de verdad en tus temores. Pero seguro que tus pensamientos eran mucho más catastróficos que lo que realmente acabó pasando.

A medida que vas haciendo el ejercicio con distintos acontecimientos, llega un momento en que, listo como eres, ya anticipas que lo que anticipas (sí, sí) es falso. Empiezas a atreverte más y más y más, hasta que te das cuenta de que la confianza va aumentando en ti y con ella tu autoestima. Todos los ámbitos de tu vida acaban beneficiados de este pequeño ejercicio. ¡Mágico!

Atreverse es un alimentador de autoestima brutal.

ME QUIERO, ME SIENTO CAPAZ, SOY VALIOSO

La autoestima es la base desde la que afrontas tu vida. A mayor autoestima, mayor capacidad de ser tú mismo, vivir la vida que deseas, ejercer el autocuidado, conocer y respetar tu cuerpo, relacionarte desde la elección y no desde la necesidad, poner límites de una forma clara y asertiva, y ser valorado por quién eres y no por lo que pareces.

Siempre parece que construir tu autoestima es algo muy complicado y muy laborioso, pero yo no lo creo. A la autoestima se la ha mitificado mucho. Yo apuesto por pequeñas acciones que vayan sumando, es decir, **comprometerte con pequeñas promesas**. Habrá temporadas en las que te sentirás más potente y otras una piltrafilla, y es absolutamente normal. La felicidad se construye a base de vivir pequeñas felicidades que te van dando la sensación de que esto que llamamos vida vale la pena.

A más problemas de autoestima, más presión ejerces sobre los demás para comprobar que te quieren y así sentirte valioso. Sentir que necesitas la aprobación del otro para sentirte bien es no tener ningún control sobre tu vida, o muy poco. Y ahí tienes todas las de perder o, como mínimo, todas las de sufrir. Entonces ¿cómo conseguir sentir que vales desde tu seguridad personal?

La respuesta está en las pequeñas acciones diarias. Si aprendo a celebrar mis días, cada uno de mis logros y metas, e incluso mis errores —porque sé convertirlos en aprendizajes—, consigo el YO PUEDO.

No sueñes en pequeño, no se trata de esto. La clave está en desmenuzar tus sueños. La cuestión es que cada día te levantes con el propósito de hacer algo asumible, que te rete, aunque sea poco, para poder acabar el día situándote delante del espejo y poder decir: «Eyyy, que lo he conseguido, ¡soy un *crack*!», aunque te suene raro o estúpido. Si lo haces, te acostumbrarás a verte como un *crack*, el *crack* que puede con lo que se propone.

No se trata de hacer grandes cosas, ni mucho menos. Habrá días que te felicitarás por haber ordenado ese cajón que hacía mil años que tenías que ordenar. Otro día por el curso que tenías que acabar para poder optar a tu plaza en no-sé-dónde. Te aseguro que, poco a poco, aceptarás el reto de presentarte el año que viene a tu oposición.

Se trata de coger carrerilla, de aprender a andar y a valorarte, entendiendo que no eres perfecto y que te puedes equivocar. Para aprender hace falta intentarlo y fallar unas cuantas veces. Las pequeñas acciones te aseguran que, si fallas, no será nada dramático…, y eso es un alivio. Caer de muy alto duele más.

Conseguir cumplir estas pequeñas promesas te proporciona un elemento clave: la confianza en ti mismo. Por el contrario, incumplirlas hace tambalear tu confianza, en un bucle interminable que te debilita.

Imagina una promesa como «Mañana empiezo a estudiar para el examen del mes próximo» cuando ya la has repetido muchas otras veces y no has cumplido. Automáticamente, tu subconsciente te asaltará con un «Sí, síí, seguro que empiezas…». Te conviertes en tu peor enemigo, ya que intentas, de nuevo de forma inconsciente, que tu voz interna tenga razón. Te sabotearás para poder terminar diciéndote: «¡Qué desastre, no hay manera, siempre lo mismo!».

HÁBITOS MINÚSCULOS

La acción es lo que da resultados. La acción continuada, la que se convierte en hábito, es la que tiene efectos en nuestra auto-

estima. Aquello que practicamos diariamente, semanalmente, mensualmente, en la cadencia que sea, suma o resta. Pues repite lo que suma, ¿no?

Una manera de fortalecer tus pequeños logros es establecer pequeños hábitos porque te empoderan. En este campo, te recomiendo el libro *Tiny Habits* del investigador B. J. Fogg, de la Universidad de Stanford. Su conclusión después de años de estudio sobre los comportamientos, la motivación y los hábitos es, precisamente, su sistema de hábitos minúsculos. Fogg afirma que la construcción de un hábito se da cuando, de forma reiterada, somos capaces de cumplir lo que nos proponemos, y eso que nos proponemos es pequeñísimo. Se trata de construir la confianza. Porque con ella somos mucho más capaces. Si confías en ti, puedes con todo, y el fracaso es solo un aprendizaje. Además, este autor concluyó que hacer lo que nos proponemos no depende solo de la famosa motivación, sino también de:

- La habilidad que percibimos que tenemos para conseguir nuestro objetivo: ¿fácil? ¿difícil?
- Tener un gancho que nos empuje a iniciar la actividad ya que, sin él, cuesta muchísimo cumplir nuestro propósito. El gancho puede ser quedar con una amiga para salir a correr, por ejemplo. ¿Le darías plantón a tu amiga? Probablemente no.

Según él (¡ojo al dato!), para tu estima es mejor no hacer nada que comprometerte contigo mismo y no cumplir. Y ahí lo dejo.

Paciencia, confianza y persistencia son la clave. Interesante, ¿no? Si aquí tienes los pilares de los hábitos, también tienes los pilares de la autoestima.

¿Ejemplos de pequeñas promesas? Salgo diez minutos a caminar y vuelvo. Me hago un pequeño plato superfácil y saludable. Respiro antes de empezar el día. Bebo un vaso más de agua cada día. Me acuesto media hora antes... Nada complicado. Queremos constatar que podemos, que somos capaces.

Debemos evitar a toda costa el «no he sido capaz, no he cumplido», porque es desastroso para nuestra autoestima. No te propongas, si no has hecho nunca ejercicio, empezar mañana a correr cinco kilómetros. Tampoco dar una charla en el Congreso Nacional Farmacéutico si te cuesta hablar en público. Abandonar lo que te has propuesto activa tu voz interior que no hace más que repetirte que eres un desastre. Proponerte retos y no cumplirlos es un destructor de autoestima. Así que olvídate de lo ambicioso porque tienes más riesgo de no cumplir. ¿Ves el truco?

¿Cómo aumentar la confianza en ti mismo?:

1. Establece un pequeño propósito: asequible, sencillo y fácil de cumplir.
2. Olvídate de objetivos demasiado ambiciosos como «saldré a correr cinco kilómetros cada día».
3. Sustitúyelos por propósitos más asequibles del tipo «caminaré diez minutos cada mañana antes de desayunar».
4. Prémiate cuando los consigas: repítetelo y felicítate en voz alta («¡He podido!»).
5. Poco a poco, verás que la suma de tus pequeños objetivos te conducirá a conseguir un objetivo de orden superior.
6. Tu confianza aumenta.
7. Empezarás a construir hábitos que suman.

Y tu autoestima crecerá.

Fíjate en un detalle: felicitarse es clave y forma parte de los pasos que debes reforzar para aumentar tu autoestima.

AGRADECER TE CAMBIA EL CEREBRO

Cuando digo que agradecer cambia el cerebro, es que cambia el cerebro. Claro, me dirás: si se dice que el cerebro es plástico, cualquier *input* lo cambia. Y tienes razón, cualquier *input* lo puede cambiar. Pero lo que me gustaría hacerte notar es que **agradecer** es un básico en tu armario al que no debes renunciar, precisamente por eso, porque es un básico. Como tus vaqueros inmutables, tu camisa negra o la americana imbatible. Agradecer es justo eso: lo que siempre te pondrás, aunque cambies el resto de tu *outfit*.

Agradecer es el estado emocional positivo en el que eres capaz de reconocer y apreciar lo que tienes en la vida. Lauri Santos es una psicóloga estadounidense, profesora de la Universidad de Yale, especializada en la felicidad. Ha creado el Laboratorio de la Felicidad donde se llevan a cabo múltiples estudios. Una de las herramientas que ella ha corroborado que te permite llegar a la felicidad es (¡lo has adivinado!) agradecer. Lauri Santos comparte que las personas más capaces de sentir gratitud dominan el arte de la autorregulación y son más proclives a ayudar a los demás.

Robert A. Emmons, de la Universidad de California, y Michael E. McCullough, de la Universidad de Miami, llevaron a cabo una investigación en la que dividieron a los participantes en tres grupos con las siguientes indicaciones: al primero les pidieron que agradeciesen lo bueno que les había ocurrido o que tenían en la vida (despertarme por la mañana, la generosidad de mis amigos...); al segundo grupo, les dijeron que hicieran una lista de cosas negativas (la gente conduce fatal, he ayudado a un amigo y no me lo ha agradecido...), y al tercero, que escribieran en su diario acerca de hechos de su vida que no tuvieran una connotación emocional (he aprendido X, he limpiado mi armario de los zapatos...). De hecho, hicieron dos estudios dentro de la misma investigación. En el primero, los tres grupos hacían sus tareas diariamente, y en el segundo, semanalmente. Los resultados indicaron que los participantes que agradecían, diariamente o semanalmente, eran más proclives que el resto de los participantes a prestar ayuda y dar soporte emocional a los demás.

Finalmente, en un tercer estudio con enfermos neuromusculares, se comprobó que si practicaban la gratitud diariamente experimentaban una mejoría mayor que si lo hacían semanalmente. Los resultados mostraron mejor estado emocional, dormían más y mejor, tenían más actividad social y se reducían los estados emocionales negativos.

Está claro que es recomendable dar las gracias. Pero ¿cada día?, ¿una vez a la semana? La psicóloga Sonja Lyubomirsky, de la Universidad de California, se propuso comprobarlo. Llegó a la conclusión de que los mejores resultados se obtenían si apuntabas tus agradecimientos una vez a la semana. Curiosas las divergencias entre los diferentes estudios, pero ¿qué hay en común? Que agradecer tiene efectos positivos en las personas. Así que queda claro: coge tu libreta bonita y, una vez a la semana, escribe con cariño todo aquello por lo que puedes sentirte agradecido. Tan sencillo como eso.

Vivir agradeciendo es vivir con el amor por bandera. Con días malos y peores, claro. Pero con el propósito claro de vivir de una forma consciente.

Al practicar el agradecimiento te acostumbras a poner el foco en todo lo positivo que tienes en la vida. Por defecto, tu cerebro tiende a fijarse en lo negativo. Su objetivo es que sobrevivas, recuerda. Por tanto, le interesa mucho más si tus compañeros de trabajo hablan mal de ti a tus espaldas que el precioso arcoíris que has visto después de la tormenta.

Te cuento un último factor importantísimo sobre tu cerebro y su foco atencional, tonto y poco útil, que solemos hacer por defecto:

• Sobredimensionar lo bueno que les sucede a los demás («Marta tiene un trabajo buenísimo»)
• Restar importancia a las cosas malas que les pasan («Sí, tarda una hora en llegar al trabajo, pero bueno...»), sin plantearnos que estar una hora en el coche es un suplicio que le lleva a plantearse dejar el trabajo («Porque no me compensa»).

Y al revés.

• Sobredimensionamos lo malo que nos sucede a nosotros («Me he levantado con un ojo hinchado... ¡Madre mía!»).
• Y minimizamos lo bueno que nos ocurre («Sí, tengo dos meses de vacaciones en verano, pero se me pasan volando...»).

Agradecer nos ayuda a invertir esta dinámica respecto a lo nuestro: con el agradecimiento seremos más capaces de darnos cuenta de que dos meses de vacaciones ¡son un regalo!

Recuerda que uno de los beneficios que se observó en los estudios citados era que los participantes incrementaron sus relaciones sociales: a mejor estado emocional, menos pegas les encuentro a los demás y más les agradezco —¡también!— que estén en mi vida. Así que ya no me limito a escribir en mi libreta las cosas por las que estoy agradecido, sino que el «gracias» me sale por la boca con muchísima facilidad. Pero no se trata solamente de decir «gracias», que también. Se trata de demostrar que estamos genuinamente agradecidos, de demostrarlo con nuestra actitud. Con nuestros actos. Agradecer cada día nos pone unas gafas mucho más amables con las que ver nuestra vida.

A agradecer, como todo, se aprende. Con la práctica.

«Caminante, son tus huellas
el camino y nada más;
Caminante, no hay camino,
se hace camino al andar».

ANTONIO MACHADO,
«Caminante, no hay camino»

CONCLUSIÓN:

EL VIAJE
DE TU ALMA

Nuestras vidas son caminos que solo nosotros podemos recorrer. Caminos únicos a los que solo nosotros podemos dar sentido y que dibujan nuestras vidas.

El libro, te lo dije al empezar, está pensado como un pequeño viaje, uno de esos viajes llenos de experiencias que podrás seguir contando durante años y en el que al terminar sentirás, como ocurre en todas las aventuras, que has aprendido algo. En este caso, que la responsabilidad del crecimiento personal recae en uno mismo.

Te he contado muchas cosas para que te resultara más fácil comprender. En mi opinión, la comprensión es clave para dar sentido a tu trabajo personal y para entender. Entender conlleva aceptar, perdonar, tener la fuerza para iniciar acciones y quedarte en paz contigo mismo y con los tuyos.

Has aprendido también que en tu presente es donde tienes capacidad de actuar y donde debes hacerlo. Y que lo haces porque puedes observarte, hoy, mañana, esta tarde, y tomar consciencia de ti, de tus patrones, pensamientos, sensaciones, emociones y conductas. Estar atento a tu voz interna, al diálogo que estableces contigo mismo. Tomar la determinación de cuestionarte este relato, una y otra vez, en busca de tu niño interior, al que has silenciado para sentirte querido.

Y no me digas que no hay algo maravilloso en todo esto. Saber que eres el arquitecto de tu presente, el único que tiene el poder de hacer cambios en tu vida, te libera. Ya no son los otros ni él ni ella ni tu jefe. Ni el compañero ni la señora de la panadería. Nadie es responsable de cómo te sientes ni de quién eres. Ellos pueden ser el espejo en donde te reflejas y donde puedes ver tantas cosas que son tuyas y solo tuyas. Pueden ser maestros que arrojan luz a tu propia oscuridad.

Yo tengo en mi mano provocar el cambio y trabajar, cada día, con disciplina y mediante pequeños retos, por él. No dependo de nadie para que esto suceda. Soy libre.

Me gustaría que, de este camino que hemos realizado juntos, te lleves herramientas que te permitan ejercer tu libertad de acción, finalmente, para que tus malestares lo sean menos, disfrutes de la compañía de los que te rodean, te sepas hacer respetar y querer, y tus sueños se cumplan.

> Trabajar en ti mismo es lo que llamamos crecimiento personal. Crecimiento personal es lo que llamamos ser tu mejor versión.

EL DON DE LA CONSCIENCIA

Y nos situamos nuevamente al principio del libro. Crecer como persona es algo maravilloso a lo que no debes renunciar nunca. Cuando alguien está decidido a exprimir el don de la consciencia, vivir en piloto automático no es una opción. La consciencia es darte cuenta y actuar en consecuencia.

Imagina que estás en una habitación a oscuras. Todo negro. Negro, negrísimo. No tienes ni idea de lo que hay a dos palmos de ti. De repente, se enciende una vela pequeña. Tu mirada recorre rápidamente toda la habitación. Ves claramente lo que hay: una cama al fondo con unos cojines preciosos, una mesa debajo de la ventana con un pequeño sillón, una luz que cuelga del techo, un baúl a los pies de la cama, un armario antiguo a tu derecha, una entrada a un vestidor a tus espaldas, la puerta de salida a la izquierda. Y la vela se apaga. Ha estado encendida cinco segundos. En estos cinco segundos has sido capaz de ver todo esto. Vuelves a estar a oscuras y de nuevo no eres capaz de ver nada. Pero tú ya no eres el mismo. La habitación ya no es la misma. Nunca más será la misma. Porque ahora tu mente ya se ha construido un mapa. Cierto que tus ojos no ven nada, pero sí que ves con tu imaginación. Con la claridad que te da tu imaginación, ahora sí, serías capaz de levantarte y salir de la habitación.

Poner consciencia es justamente esto: poner luz en la oscuridad. Cuando la vela se enciende, percibes la habitación con detalle; cuando la consciencia se enciende, te das cuenta de tu vida.

El regalo del crecimiento personal es que esta vela que es tu consciencia se va encendiendo cada vez más a menudo, convirtiéndote en alguien lúcido, que sabe dónde está y es capaz de saber dónde quiere ir. Y más todavía, en alguien capaz de tomar decisiones. Las acciones de las que tanto te he hablado y que construyen vida. La habitación que estaba a oscuras se te ha mostrado por unos instantes. Son instantes suficientes para convertirse en reveladores.

NO SERÁ FÁCIL, LO SABES, PERO TÚ SIGUE

En el proceso de crecimiento personal la meta está en conseguir la madurez que nos permita avanzar por los caminos por los que la vida nos va conduciendo. Es un proceso a veces muy duro, a veces más fácil. Pero hay cosas en la vida que no se eligen. Llegan. Y estos acontecimientos van forjando una forma de vivir.

Algunas personas optan por enrocarse y dar la espalda a la propia dinámica de la vida; otras, por evolucionar y surfear las olas, y si se caen, se vuelven a levantar. No debemos juzgar el camino de los demás. Los ingleses dicen «*Don't judge me until you've walked in my shoes*» («No me juzgues hasta que hayas caminado con mis zapatos»). Puedes conocer muchos detalles, muchísimos, de la vida de otras personas, pero aun así siempre te faltará algo: sus silencios, sus miedos ocultos, lo que han sufrido sin decir nada, sus dudas... Decía un profesor mío que, para un psicólogo, empezar a tratar a un paciente nuevo es como entrar en un cine a media película: ¡te has perdido tanto...!

Da tu opinión si te la piden. Pero juzgar nunca ayuda, y si caes fácilmente en lo de juzgar, te invito a trabajarlo, porque es muy liberador. Dejar de juzgar te libera a ti, porque quien juzga a los demás, se juzga a sí mismo muy severamente. Hemos venido a vivir, y venimos sin manual de instrucciones; sé más benevolente contigo mismo, que somos aprendices de algo muy imprevisible: la vida.

La vida es un inmenso mar, donde hay días sin apenas olas, días fáciles, buenos, que permiten sentirse tranquilo y disfrutar del momento, y otros de olas inmensas, de viento en contra, de oscuridad, donde parece que cielo y mar te engullen. Hay días en los que el futuro desaparece de tan complicado que es vivir el instante presente. Todo ese mar, todo ese oleaje, es el que forja nuestras vidas. Nuestras vivencias son como esa agua que responde al viento caprichoso, como caprichosa puede ser la vida.

En ese ir y venir hay algo inmutable: el fondo de ese mar. Siempre allí, calmado, silencioso, lento en su devenir, casi inmutable, lleno de una vida que no solemos captar al hallarse a tanta profundidad. Ese fondo somos nosotros. Esa arena profunda donde todo reposa es nuestra alma.

Madurar es reconocer esa arena. Saber que está allí. Ajena a las olas de la superficie. Serena si la mar es tranquila, pero serena también si la mar es brava, bravísima. Las olas pasan. Esa arena no. Madurar es acompañar al niño que se asusta con el mar y entender su miedo. Poder y saber decirle: «Llora, que estoy aquí si estás triste o enfadado o asustado. Te enseño a descansar si estás agotado, te empodero cuando te sientes culpable por priorizarte, te muestro que puedes tomar distancia de las situaciones y que debes entender que todo ese malestar no es solo tuyo, que el otro proyecta en ti su propio malestar. Te cuido y te enseño que debes dejarte cuidar cuando te sientas solo».

Crecer es mudar. Es abandonar, es dejar de lado, es sumar, es añadir, es vivir. Crecer son tantas cosas y tan contradictorias que se nos hace un mundo y dudamos de si vamos por el buen camino. Entonces tenemos tentaciones de abandonar y de enviarlo todo, todo y todo a hacer puñetas. Crecer es escucharte decir: «Venga yaaa, un poco de calma, tú» o «Hasta el moño de aprender», porque implica sentir dolor.

Pero también hay premio, aunque pueda costar verlo. Siempre digo que la vida es de dinámicas lentas. Y como nuestra cabeza es todo lo contrario —rápida, jerárquica, cambiante—, nos cuesta aceptar el ritmo de la vida. Dime, ¿qué es para el mundo diez años de tu vida? Na-da. Así que paciencia y comprensión, que ni tú ni yo somos el centro del universo. Somos nosotros quienes debemos adaptarnos a su ritmo, y no al revés. Los premios llegan, pero hay que mostrar persistencia y tenacidad y no obsesionarse con el dichoso tiempo. A ti siempre te parecerá demasiado largo. A ti.

Seguro que te ha pasado aquello de encontrarte con un conocido por la calle que te cuenta que ya ha acabado la carrera de Nutrición. Y tú: «¿Yaaaaaa?». Pues si para ti es «¿Yaaaaaa?», para tu conocido han sido cuatro años. Lo mismo con los embarazos ajenos, que nos parecen cuatro semanitas, mientras los nuestros,

¡oh, sorpresa!, han durado nueve mesazos. El tiempo, una percepción más; si ya lo decía Einstein... Y no le llevaremos la contraria.

El trabajo personal no lo concibas como los estudios a los que estás acostumbrado. No se trata de sacarte un título universitario. Venga, cuatro años de crecimiento personal y te gradúas. No. Esto no va de créditos aprobados ni de notas ni de suspensos. Apostar por ser tu mejor versión es celebrar los pequeños instantes de revelación. Aprovecharlos para moverte, ni que sea un poquito. Los poquitos que suman, los peldaños que te llevan arriba, los pasitos que te dirigen a la cumbre más alta.

Algunas cosas dan mucha paz; otras, mucho desasosiego. Pero, si sigues con el proceso, si sigues con convicción, si continúas pensando que una mejor versión de ti mismo es posible, entonces recibirás el regalo: poco a poco, las cosas que te dan paz irán cogiendo más peso y las que te provocan desasosiego serán muchas menos. Y no porque estas últimas vayan a desaparecer, que no, sino porque, a pesar de que vivirás penas, disgustos y tristezas, aprenderás a aceptarlos. Aprenderás a transitarlos con paz.

Después de llorar, claro. Y de sentirte hundido. Y de pensar que no sales de esta. Porque es necesario dejarse sentir el dolor. Un dolor que, al darle su espacio, te permite poco a poco empezar a empoderarte y continuar viviendo con más sentido. Porque aprendes, y aprender es crecer.

Cuando crezco como persona:

- Me priorizo y me cuido.
- Me observo continuamente: qué pienso, cómo me siento, qué hago, por qué reacciono así, qué quiero...
- Me cuestiono las normas sociales.
- Siento que hay personas que ya no cuadran en mi vida.
- Siento que todo es posible, y si hay algo que no lo es, trabajo para aceptarlo.

- Soy muy compasivo con la vida de los demás.
- No juzgo porque entiendo que cada uno tiene su propio proceso y tiempo.
- Acepto que no puedo gustar a todo el mundo.
- Siento curiosidad por todo y todos.
- Mi energía es sagrada para mí y la protejo.

Te felicito por haber llegado hasta aquí. Pero te felicito, fundamentalmente, por decidir vivir tu vida con amor, con pasión, con ilusión y con determinación. Lo contagias.

AGRADECIMIENTOS

A mi padre, por enseñarme a dar lo mejor de mí y acompañarme en mi continuo aprendizaje, con su ejemplo, buen humor y amor infinito.

A mi madre, por ser mi pilar y enseñarme a ser quien soy y mostrarme el camino del amor incondicional.

A Dani, por ser mi compañero de juegos eterno y mi mejor maestro.

A Xavier, por ser mi chico preferido en el mundo desde que la vida me lo regaló.

A las NAX, por su continuo apoyo, llueva, nieva o haga sol; y por ser las culpables de que, un día, decidiera visibilizar y comunicar mi trabajo. Sin sus «venga, vaaa», hoy no estaría aquí.

A mi familia, por estar siempre.

A Manel y Eugeni, por confiar en mí desde el minuto uno. Sus ojos bondadosos e inteligentes con los que ven a las personas han construido a la psicóloga que ahora soy.

A Elsa, que con su sabiduría me dio el empujón «comunica y enseña», y aquí estoy intentándolo con pasión.

A Mia y Puck, por hacerme compañía y reírme jugando con ellas durante las pausas de escritura de este libro.

A mis amigos, por los mensajes, preguntas, llamadas de ánimo, por su acompañamiento.

A Irene, mi editora, por su santísima paciencia y tozudez en un año complicado.

A mis pacientes, porque me enseñan tanto... que he podido escribir un libro. Este libro también es vuestro.

Y a las personas maravillosas que, cada día, construyen conmigo mi cuenta de Instagram. Me inspiran, me empujan y crecemos y aprendemos juntos.

Este libro lo he escrito porque todas estas personas están en mi vida. Gracias por existir y compartir conmigo el camino que es la vida.

BIBLIOGRAFÍA

Armenta, C., M. Fritz, y S. Lyubomirsky (2017), «Functions of Positive Emotions: Gratitude as a Motivator of Self-Improvement and Positive Change», *Emotion Review*, 9, pp. 183-190. DOI: ‹10.1177/1754073916 669596›.

Bauman, Z. (2009), *Modernidad líquida*, Fondo de Cultura Económica, Madrid.

Beck, A., J. Rush, B. Shaw, *et al.* (1979), *Terapia cognitiva de la depresión*, Editorial Desclée de Brouwer, Bilbao.

Benavides-Endara, P. y C. Ramos-Galarza (2019), «Fundamentos neurobiológicos del sueño», *Revista Ecuatoriana de Neurología*, 28(3), pp. 73-80. ‹http://scielo.senescyt.gob.ec/scielo.php?script=sci_art text&pid=S2631-25812019000300073&lng=es&tlng=es›.

Berne, E. (2016), *Game people play*, Penguin Books Ltd., Londres.

Bourbeau, L. (2021), *Las 5 heridas que impiden ser uno mismo*, Editorial ObStare, Barcelona.

Corraliza, J. A., S. Collado (2011), «La naturaleza cercana como moderadora del estrés infantil», *Psicothema*, volumen 23, número 2, pp. 221-226. ‹https://www.miteco.gob.es/es/ceneam/articulos-de-opinion/ 2015-11-corraliza-collado_tcm30-163663.pdf›.

Damasio, H., T. Grabowski, R. Frank, *et al.* (20 de mayo de 1994), «The return of Phineas Gage: clues about the brain from the skull of a famous patient», *Science*, volume 264, número 5.162, pp. 1.102-1.105. ‹DOI: 10.1126/science.8178168›.

Doll, A., B. K. Hölzel, S. Mulej Bratec, *et al.* (2016), «Mindful attention to breath regulates emotions via increased amygdala-prefrontal cortex connectivity», *Neuroimage*, volumen 134, pp. 305-313. ‹https:// doi.org/10.1016/j.neuroimage.2016.03.041›.

Ekman, P. (2003), *El rostro de las emociones*, RBA Bolsillo, Barcelona.

Ekman, P. y H. Oster (1979), «Expresiones faciales de la emoción», *Annual Review of Psychology*, volume 30, pp. 527-554. <https://dialnet.unirioja.es/descarga/articulo/65835.pdf>.

Emmons, R. A. y M. E. McCullough (2003), «Counting blessings versus burdens», *Journal of Personality and Social Psychology*, volumen 84, pp. 377-389. <https://doi.org/10.1037//0022-3514.84.2.377>.

Epicteto (2021), *Enquiridión*, José J. Olañeta, Editor, Palma de Mallorca.

Goleman, D. (1995). *Inteligencia emocional: Por qué es más importante que el CI.* Editorial Kairós, Barcelona.

Godos, J., R. Ferri, F. Caraci, *et al.* (2019), «Adherence to the Mediterranean Diet is Associated with Better Sleep Quality in Italian Adults», *Nutrients*, volumen 11, número 5, p. 976. <https://doi.org/10.3390/nu11050976>.

Goldberg S. B., R. P. Tucker, P. A. Greene, *et al.* (2018), «Mindfulness-based interventions for psychiatric disorders: A systematic review and meta-analysis», *Clinical Psychology Review*, volumen 59, pp. 52-60. <https://doi.org/10.1016/j.cpr.2017.10.011>.

Grupo de Trabajo de la Guía de Práctica Clínica sobre Trastornos del Sueño en la Infancia y Adolescencia en Atención Primaria. (2011), *Guía de práctica clínica sobre trastornos del sueño en la infancia y adolescencia en atención primaria.* Plan de Calidad para el Sistema Nacional de Salud del Ministerio de Sanidad, Política Social e Igualdad. Unidad de Evaluación de Tecnologías Sanitarias de la Agencia Laín Entralgo. Ministerio de ciencia e innovación, Madrid.

Gundel, F., J. Von Spee, S. Schneider, *et al.* (2018), «Meditation and the brain-Neuronal correlates of mindfulness as assessed with near-infrared spectroscopy», *Psychiatry Research: Neuroimaging*, volume 271, pp. 24-33. <doi: 10.1016/j.pscychresns.2017.04.002>.

Hockenbury, D. H. y S. E. Hockenbury (2007), *Discovering psychology*, Worth, Nueva York.

Hough, M. y P. Tassoni (2021), *Counselling Skills and Theory*, Ed. Hodder Education, Londres.

Kolk, S. M. y P. Rakic (2022), «Development of prefrontal cortex», *Neuropsychopharmacol*, volumen 47, pp. 41-57. <https://doi.org/10.1038/s41386-021-01137-9>.

LaBarbera, J. D., C. E. Izard, P. Vietze, *et al.* (1976). Four- and six-month-old infants' visual responses to joy, anger, and neutral expressions. *Child development, 47*(2), 535–538. <https://pubmed.ncbi.nlm.nih.gov/1269322/>.

Locke, J. (1986), *Pensamientos sobre la educación*, Editorial Akal, S.A., Madrid.

Lucas, I. (2020), *Funciones ejecutivas, emoción y personalidad: Actividad de la corteza prefrontal a través de espectroscopia funcional de infrarrojo cercano (fNIRS)*. Tesis doctoral. Universitat de Lleida, Lleida. <http://hdl.handle.net/10803/669196>.

Márquez, M. O. (2016), «Depresión y calidad de la dieta: revisión bibliográfica», *Archivos de Medicina*, volumen 12, número 1, p. 6. <doi: 10.3823/1282>.

Maslow, A. H. (1943). «A theory of human motivation», *Psychological Review*, volumen 50, número 4, pp. 370-396. <https://doi.org/10.1037/h0054346>.

Muñoz-García, M. A. (2018), «Del espíritu» (1758), de Claude-Adrien Helvétius: su impronta en el pensamiento penal de Cesare Beccaria, 137 Vniversitas. <https://doi.org/10.11144/Javeriana.vj137.dech>.

Nabkasorn, C., N. Miyai, A. Sootmongkol, *et al.* (abril de 2006), «Effects of physical exercise on depression, neuroendocrine stress hormones and physiological fitness in adolescent females with depressive symptoms», *European Journal of Public Health*, volumen 16, número 2, pp. 179-184. <https://doi.org/10.1093/eurpub/cki159>.

Owens, J., Adolescent Sleep Working Group y Committee on Adolescence (2014), «Insufficient sleep in adolescents and young adults: an update on causes and consequences», *Pediatrics*, volumen 134, número 3, pp. e921-e932. <https://doi.org/10.1542/peds.2014-1696>.

Pérez, A., J. García, J. Gude, V., *et al.* (2021). «Impact of mindfulness and self-compassion on anxiety and depression: The mediating role of resilience. Impacto del mindfulness y de la autocompasión en la ansiedad y la depresión: rol mediador de la resiliencia», *International Journal of Clinical and Health Psychology*, volumen 21, número 2. https://doi.org/10.1016/j.ijchp.2021.100229>.

Rajagopalan, A., K. V. Jinu, K. S. Sailesh., *et al.* (2017), «Understanding the links between vestibular and limbic systems regulating emotions», *Journal of natural science, biology, and medicine*, volume 8, número 1, pp. 11-15. <https://doi.org/10.4103/0976-9668.198350>.

Raju, M. S. V. K. (abril-junio de 2017). «Medical nutrition in mental health and disorders», *Indian J Psychiatry*, volumen 59, número 2, pp. 143-148. <doi:10.4103/psychiatry.IndianJPsychiatry_193_17>.

Ramos, N., O. Recondo y H. Enríquez (2012), *Practica la inteligencia emocional plena: Mindfulness para regular nuestras emociones*, Editorial Kairós, Barcelona.

Ravindran, A.V., L. G. Balneaves, G. Faulkner, A. *et al.* (2016), Canadian Network for Mood and Anxiety Treatments (CANMAT) (2016), Clinical Guidelines for the Management of Adults with Major Depressive Disorder: Section 5. Complementary and Alternative Medicine Treatments. *The Canadian Journal of Psychiatry*, volumen 61, número 9, pp. 576-587. <https://doi.org/10.1177/0706743716660290>.

Rico De la Rosa, L., E. Cervantes Pérez, M. Robledo Valdez, *et al.* (2022), «El rol de la nutrición en la salud mental y los trastornos psiquiátricos: una perspectiva traslacional», *Revista de Nutrición Clínica y Metabolismo*, volumen 5, número 1. <https://doi.org/10.35454/rncm.v5n1.358>.

Rojas, G. M., J. Roset, F. Navés (2015), La vegetación en el confort micro climático. Comparación de especies del clima mediterráneo de Barcelona. España. ACE: Architecture, City and Environment 10 (29), 59-84. <https://dialnet.unirioja.es/servlet/articulo?codigo=5307906>.

Salovey, P., J. D. Mayer (1990), «Emotional intelligence», *Imagination, cognition, and personality*, 9, pp. 185-211. <https://doi.org/10.2190/DUGG-P24E-52WK-6CDG>.

Sanchis, I. (2012), «El corazón tiene cerebro». Entrevista a Annie Marquier. *La Vanguardia.* <https://www.lavanguardia.com/lacontra/20120314/54267641495/annie-marquier-corazon-cerebro.html>.

Schifter, D. E. y I. Ajzen, «Intention, perceived control, and weight loss: An application of the theory of planned behavior», *Journal of Personality and Social Psychology,* volumen 49, número 3, pp. 843-851. <https://doi.org/10.1037/0022-3514.49.3.843>.

Slachevsky, A., C. Pérez, J. Silva, *et al.* (2005). «Córtex prefrontal y trastornos del comportamiento: Modelos explicativos y métodos de evaluación», *Revista Chilena de Neuro-psiquiatría*, volumen 43, número 2, pp. 109-121. <https://dx.doi.org/10.4067/S0717-92272005000200004>.

Sun, Y., M. Ji, X. Zhang, *et al.* (2022). Comparative effectiveness and acceptability of different ACT delivery formats to treat depression: A systematic review and network meta-analysis of randomized controlled trials. *Journal of affective disorders*, *313*, 196–203. <https://doi.org/10.1016/j.jad.2022.06.017>.

U.S. Department of Health and Human Service, ODPHP (2022). *Sleep Health.* <https://www.healthypeople.gov/2020/topics-objectives/topic/sleep-health?topicid=38>.

Vujcic, M., J. Tomicevic-Dubljevic, M. Grbic, *et al.* (2017), «Nature based solution for improving mental health and well-being in urban areas», *Environmental Research*, volumen 158, pp. 385-392. <https://www.sciencedirect.com/science/article/pii/S0013935117312161>.

Willcox, G. (1982) «The Feeling Wheel», *Transactional Analysis Journal*, 12:4, 274-276. <DOI: 10.1177/036215378201200411>.

Yaghtin, Z., S. Beigrezaei, E. Yuzbashian, *et al.* (2022). A greater modified Mediterranean diet score is associated with lower insomnia score among adolescent girls: a cross-sectional study. *BMC Nutr 8*, 60. <https://doi.org/10.1186/s40795-022-00553-4>.